Helene Weinold-Leipold

Brot & Brötchen

Helene Weinold-Leipold

Brot & Brötchen

mit Fotografien von Maike Jessen

Bassermann Inspiration

ISBN: 978-3-572-08021-2

Projektleitung: Dr. Iris Hahner
Producing: trans texas publishing services, Köln
Gestaltung: Sabine Vonderstein, Köln
Redaktion: Nazire Ergün, Köln
Foodstyling: Nicole Müller-Reymann
Fotografie + Styling: Maike Jessen, Hamburg (www.maikejessen.de), mit Ausnahme von:
istock: alle Rahmen, Papiere und Clips, außerdem 10, 11, 15; Alexandra Panella, Germersheim: 8; stockfood: 27 (Rupp Tina), 57 (Harry Bischof), 71 (Hans Gerlach), 102 (Walter Cimbal); Christine Stanley, Kunkletown, PA, USA: 29; Südwest Archiv: 36, 44, 61, 74, 78, 105, 112; Privatbesitz Sabine Vonderstein: 74
Umschlaggestaltung: Atelier Versen, Bad Aibling
Coverabbildungen: Vorderseite: studio83 /Gerhard Versen; Rückseite: Maike Jessen, Hamburg (www.maikejessen.de)
Herstellung: Sonja Storz

Druck und Bindung: Mohn Media, Mohndruck, Gütersloh

MIX
Papier aus verantwortungsvollen Quellen
FSC® C011124
FSC www.fsc.org

Verlagsgruppe Random House FSC®-DEU-0100
Das für dieses Buch verwendete FSC®-zertifizierte Papier *Tauro* liefert Sappi, Stockstadt.

Printed in Germany

817 2635 4453 6271

nd Käse
nd Speck
d Käse
3.50

Vorwort

Am Beginn dieses Buches soll ein Geständnis stehen:
Einer Versuchung kann ich praktisch nie widerstehen – nämlich der, mir von einem frisch gebackenen, duftenden Laib Brot, die erste knusprige Scheibe abzuschneiden und zu verspeisen.
Mit Butter, etwas Salz und vor allem im Frühjahr mit ein paar Schnittlauchröllchen ist das für mich ein Hochgenuss.
Bei uns zu Hause steht Brot ganz oben auf dem Speisezettel.
Dabei hat jedes Familienmitglied seine Lieblingssorten. Klar, dass bei uns alle paar Tage der Duft von frischem Brot durchs Haus zieht.
Und weil Freunde und Verwandte unsere Leidenschaft kennen, dürfen wir zu Brunch oder Party auch nie den unvermeidlichen Nudelsalat mitbringen, sondern werden immer um einen Beitrag zum Brotkorb gebeten – eine Bitte, die ich gerne erfülle.
Wenn ich Sie auch fürs Brotbacken begeistern könnte, würde mich das sehr freuen. Ich lade Sie ein, die Rezepte, die ich über viele Jahre hinweg zusammengetragen habe, auszuprobieren und Ihre persönlichen Lieblingsbrote zu entdecken.

Viel Freude und Erfolg beim Backen und Genießen!

Brauchtum rund ums Brot

Deutschland ist das Brotland schlechthin. Mit rund 300 Brotsorten und mehr als 1000 Sorten an Brötchen, Hörnchen und ähnlichen kleinen Brotformen haben die Deutschen eine Brotvielfalt, die ihresgleichen sucht. 94 Prozent der Bevölkerung essen täglich oder fast täglich Brot. Jeder Deutsche verzehrt 85 kg Brot jährlich, das entspricht mehr als vier Scheiben Brot pro Tag.

Doch Brot war stets mehr als ein Grundnahrungsmittel, es ist vor allem auch ein Symbol für Ernährung und Lebensunterhalt schlechthin. Davon zeugen Gebete wie beispielsweise das Vaterunser: „Unser tägliches Brot gib uns heute."

Brot ist nicht nur Brot

Wegen dieses hohen Stellenwerts haben sich allerlei Bräuche, religiöse Rituale und mancher Aberglaube rund um das Brot entwickelt. So ritzt die eine oder andere Bäckerin vor dem Backen mit dem Messer ein Kreuz in das Brot, und mancherorts wird das Brot vor dem Anschneiden gesegnet, indem man ein Kreuzzeichen auf die Unterseite zeichnet.

Brot gehört zusammen mit Rauchfleisch, Eiern und Salz zu den Lebensmitteln, die Katholiken in der Osternacht in einem Körbchen zur Speisensegnung mitnehmen, um sie anschließend im Familienkreis beim Frühstück zu essen. Früher nahmen Reisende ein Stück „Heimwehbrot" von zu Hause mit. Beim Viehhandel gab man dem Käufer von Vieh bisweilen ein Stück „Glücksbrot" mit. In manchen Gegenden Österreichs schnitt eine Braut nach dem Kirchgang das „Scherzl" eines Brotlaibs ab, um es aufzubewahren und so Mangel und Not von ihrem neuen Hausstand abzuwenden. Vor dem Hochzeitsfest musste sie sich mit ihrem Bräutigam als Zeichen der Verbundenheit ein Stück mit Salz bestreutes Brot und ein Glas Wasser teilen. Bis heute erhalten hat sich der Brauch, zum Einzug Salz und Brot zu schenken, um Hunger und Unglück fernzuhalten.

Brot wegzuwerfen gilt seit jeher als Frevel. Früher wanderte daher verschimmeltes Brot nicht einfach in die Mülltonne, sondern wurde im Herdfeuer verbrannt. Auch soll angeblich das Glück aus dem Haus weichen, wenn man das Brot mit der Oberseite auf den Tisch legt, denn dann reitet der Teufel darauf, wie man früher glaubte. Wer zu seinem Namenstag Brot geschenkt bekam, sollte im Jahr darauf gegen neun Unglücksfälle gefeit sein.

Liebe Lena, lieber Walter,

schade – nun geht die schöne Zeit mit Euch als Nachbarn zu Ende. Wir werden Euch vermissen, aber wir freuen uns auch mit Euch über Euer neues, schönes Haus und wünschen Euch von Herzen alles Gute für die Zukunft.
Nach altem Brauch bringen wir Euch Brot und Salz zum Einstand mit.
Beides möge Euch im neuen Heim nie ausgehen.
Brot als Grundnahrungsmittel steht dabei für alles Lebensnotwendige:
Wir wünschen Euch, dass Ihr immer habt, was Ihr zum Leben braucht, und nie Not leiden müsst.
Salz war einst ein seltenes und kostbares Gut. Es verhindert, dass Lebensmittel verderben, würzt und soll, wie man früher glaubte, auch Schadenzauber abhalten. Nachdem wir mit Euch schon „einen Sack Salz gegessen haben“, einander also lange und gut kennen, verbinden wir damit den Wunsch, dass Ihr von Unglück verschont bleibt und ein frohes, mit erfreulichen Erlebnissen und Begegnungen gewürztes Leben führt.

Viele liebe Grüße
Andrea und Wolfgang

Backen mit Hefe

Anders als oft behauptet, ist das Backen mit Hefe gar nicht schwierig. Man muss nur ein paar Grundregeln beherzigen.

- Wichtig ist, dass die Zutaten alle Raumtemperatur haben. Die Flüssigkeit, mit der die Hefe zu einem Vorteig verrührt wird, muss lauwarm sein, sie darf auf keinen Fall zu heiß sein.
- Außerdem muss die Hefe frisch sein: Sie sollte schön hell sein und leicht blättern.
- Einen guten Hefeteig lässt man dreimal an einem warmen Ort gehen: zuerst als Vorteig, ein zweites Mal nach dem Kneten und schließlich nach dem Formen.
- Wie jegliches Backwerk sollte auch der Hefeteig an einem zugfreien Ort stehen.

Das Mehl in eine Schüssel geben, falls mehrere Mehlsorten verwendet werden, diese vermischen, dann in die Mitte eine Mulde drücken.

Die Hefe in die Mulde bröckeln und mit etwas Wasser, Zucker und Mehl vom Rand der Mulde zu einem breiartigen Vorteig verrühren.

Wichtig ist, dass Sie den Hefeteig gut kneten und schlagen, sodass er Blasen wirft und geschmeidig wird. Nur so kann er optimal aufgehen.

Den geformten Brotlaib mit einem Küchentuch abdecken und an einem warmen Ort gehen lassen, bis sich das Volumen verdoppelt hat.

Sauerteig ansetzen

Sauerteig ist vor allem für Brote notwendig, die aus Roggenmehl gebacken werden. Man kann zwar fertigen Sauerteig kaufen, doch wenn Sie häufiger Brot backen, lohnt es sich, Sauerteig selbst zuzubereiten.

Wenn Sie ihn zum ersten Mal herstellen, ist vor allem eins erforderlich: Geduld, denn der Ansatz wird über mehrere Tage zubereitet. Doch Sie müssen den Ansatz lediglich von Zeit zu Zeit umrühren.

Haben Sie einmal ein Sauerteigbrot zubereitet, behalten Sie von diesem Ansatz eine kleine Portion zurück, die Sie beim nächsten Brot als Triebmittel verwenden. Ein neuer Ansatz ist nicht erforderlich.

Für den allerersten Ansatz ist nicht mehr nötig als Roggenmehl und Wasser, ich gebe etwas Joghurt zu, das unterstützt den Gärprozess. Verrühren Sie 100 ml Wasser, 50 g Roggenmehl (Type 1370) und 1 Esslöffel Joghurt und füllen Sie die Mischung in ein sauberes Schraubglas, das gut verschlossen wird. Jetzt muss der Ansatz an einem warmen Ort (etwa 28 °C) ruhen. Dann beginnt der Teig zu gären. Nach 12 Stunden rühre ich den Ansatz vorsichtig durch. Anschließend muss er wieder ruhen und gären. 12 Stunden später rühre ich den Ansatz nochmals durch. Diese Schritte wiederhole ich mehrfach. Länger als 72 Stunden sollte der Ansatz aber nicht gären. Jetzt sollten sich Blasen an der Oberfläche gebildet haben und der Teig säuerlich riechen.

Sollte der Ansatz sich an der Oberfläche aber rötlich, grünlich, bläulich oder schwarz verfärbt haben, schimmeln oder sehr unangenehm riechen, muss er entsorgt und ein neuer Ansatz hergestellt werden.

Anschließend werden dem Ansatz nochmals 100 ml Wasser und 50 g Roggenmehl untergerührt und das Glas wird wieder an einen warmen Ort gestellt. Sobald vermehrt Blasen aufsteigen und der Ansatz sauer riecht, das dauert etwa 24 Stunden, kann er weiterverarbeitet werden.

Je nach Rezept wird der Sauerteig nun mit etwas Mehl und Wasser zu einem Vorteig verrührt, der etwa 12 Stunden gehen muss. Dann kann er endlich für das Brot weiterverarbeitet werden.

Während der ersten 24 Stunden wird der Ansatz mehrfach umgerührt, wenn sich Bläschen an der Oberfläche bilden.

Nach 24 Stunden wird dem Ansatz Mehl und Wasser zugefügt. Dann muss er nochmals 24 Stunden gären.

Warenkunde

Was tun, wenn ...

- Das Brot bleibt flach, zerläuft: zu viel Flüssigkeit, zu weicher Teig, zu lange gegangen, Ofen zu kalt.
- Die Kruste löst sich ab: zu fester Teig; länger gehen lassen.
- Die Brotoberfläche reißt: Dampf im Backofen erzeugen.
- Das Innere des Brotes ist trocken und fest: Teig länger kneten.
- Die Kruste ist hart, das Innere trocken: niedrigere Temperatur; Dampf im Ofen erzeugen.
- Das Innere ist feucht („klitschig"): längere Backzeit.

Auf die Type kommt es an

Die Typenzahl auf der Mehlverpackung gibt an, wie viele Milligramm an Mineralstoffen nach dem Verbrennen von 100 g Mehl im Heißluftstrom übrig bleiben. 100 g Weizenmehl der Type 550 enthalten demnach 550 mg Mineralstoffe, 100 g eines Roggenvollkornmehls Type 1800 enthalten 1800 mg, also 1,8 g Mineralstoffe. Je höher die Typenzahl, desto höher ist auch der Mineralstoffgehalt des Mehls, je niedriger die Typenzahl, desto stärker ausgemahlen ist das Mehl.

Vollkornmehl und -schrot werden nicht typisiert. Backschrot (Weizenbackschrot Type 1700, Roggenbackschrot Type 1800) enthält im Gegensatz zum Vollkornschrot keinen Keimling mehr.

Weizenmehl

Type 405
Auszugsmehl, übliches Haushaltsmehl mit guten Backeigenschaften, Kuchenmehl

Type 550
Etwas weniger stark ausgemahlen als Type 405, kräftiger im Geschmack; eignet sich gut für Hefegebäck und Brötchen

Type 812
Dunkles Mehl für Semmeln und helle Mischbrote

Type 1050
Dunkles Mehl mit kräftigem Geschmack für Graubrot, Mischbrote und herzhaftes Gebäck

Type 1700
Weizenbackschrot ohne Keimling, kann mit helleren Mehlen gemischt werden

Roggenmehl

Type 815
Wird vor allem in Süddeutschland für helle Roggenbrote verwendet

Type 997
Kräftig im Geschmack, gut geeignet zum Brotbacken im Haushalt, z. B. für Mischbrote

Type 1370
Kräftiges, dunkles Roggenmehl, eignet sich vor allem für Mischbrote

Type 1740
Dunkles Roggenmehl für Roggen- und Roggenmischbrote

Type 1800
Roggenbackschrot ohne Keimling zum Brotbacken

Kleine Getreidekunde

Mehl aus Getreide ist die Hauptzutat beim Brotbacken. Dabei spielen Weizen und Roggen die Hauptrolle. Seltener werden Dinkel, Gerste und Hafer verwendet. Wichtig für die glutenfreie Ernährung sind Reis, Mais, Buchweizen und Hirse.

Weizen

In Mitteleuropa ist der Weizen das wichtigste Backgetreide. Weizenmehl enthält 75 Prozent Stärke und 10 Prozent Eiweiß. In der Frucht- und Samenschale des Weizenkorns befinden sich die meisten Mineral- und Ballaststoffe des Weizens sowie Spurenelemente. Durch seinen Anteil an Klebereiweiß (Gluten) hat Weizen besonders gute Backeigenschaften.

Roggen

Vor allem in Deutschland, wo dunkle Brote geschätzt werden, ist Roggen neben dem Weizen ein wichtiges Brotgetreide. Er enthält zwar ebenfalls viele Vitamine, Mineralstoffe und Spurenelemente, jedoch nur wenig Kleber. Brotteig mit Roggenmehl erfordert daher immer Sauerteig als Triebmittel.

Dinkel

Dinkel ist eine Urform des Weizens mit sehr guten Backeigenschaften und einem hohen Gehalt an Eiweiß und Kalium. Die Dinkelkörner müssen in einem speziellen Verfahren von den Spelzen gelöst („gegerbt") werden. Grünkern ist halbreif geernteter Dinkel, der durch Hitze gedarrt und so haltbar gemacht wird.

Hafer

Hafer enthält viel Fett, Eiweiß, Vitamine der B-Gruppe und außerdem Mineralstoffe sowie Spurenelemente (z. B. Eisen, Fluor und Silizium), aber wenig Kleber und kann daher nur zusammen mit Mehl aus anderen Getreidearten zum Backen genutzt werden.

Gerste

Gerste war ursprünglich unser ältestes Brotgetreide, hat aber seit Langem an Bedeutung verloren. Gerstenmehl wird heute nur noch mit Weizen- oder Roggenmehl verbacken. Das Nährstoffgefüge der Gerste ähnelt dem des Weizens.

Hirse

Hirse ist eine besonders genügsame Getreidepflanze, die in vielen tropischen Ländern die Nahrungsgrundlage liefert. Hirsekörner sind besonders reich an Mineralstoffen wie Eisen, Fluor, Phosphor, Schwefel, Magnesium und Kalium. Hirse wird gern zum Verfeinern von Gebäck zugesetzt.

Reis

Da Reis keinerlei Kleber enthält, findet Reismehl vor allem für Backwaren in der glutenfreien Diät Verwendung, die aber aufgrund des fehlenden Klebers nicht aufgehen. Wertvolle Inhaltsstoffe wie Öl, Vitamine, Mineral- und Ballaststoffe sind vor allem im sogenannten Silberhäutchen des Naturreises enthalten.

Mais

So wie Reis enthält auch Mais kein Klebereiweiß und ist daher für die glutenfreie Diät geeignet. Maisbrot geht nicht auf und trocknet schnell aus. Maisstärke hingegen wird als Bindemittel manchen Backwaren zugesetzt.

Buchweizen

Buchweizen, auch Heidenkorn genannt, ist kein Getreide, da er nicht zu den Gräsern, sondern zu den Knöterichgewächsen gehört. Weil Buchweizenmehl kein Klebereiweiß enthält, muss es mit Weizen- oder Roggenmehl gemischt werden.

Brote aus Hefe- und Sauerteig

Eine kräftige Kruste und ein feines oder kerniges Inneres machen Brot aus dem eigenen Backofen zu einem einzigartigen Genuss. Hefe und Sauerteig lockern den Teig und verleihen dem Brot seinen unvergleichlichen Geschmack. Mit meinen Lieblingsrezepten schneiden Sie bei Ihrer Familie garantiert gut ab – versprochen!

Frisches
Brot

Dreikornbrot

Unser Familienklassiker: Dieses kräftige Schrotbrot gehört bei uns seit jeher unter Wurst und Schinken. Damit auch wirklich keine Engpässe auftreten, haben wir immer ein paar Scheiben davon in der Tiefkühltruhe.

Zutaten für 2 Brote

500 g Dinkelmehl (Type 812)
750 g Weizenvollkornmehl
200 g Roggenvollkornschrot
300 g Naturjoghurt
750 ml lauwarmes Wasser
1 Würfel frische Hefe
30 g Meersalz

1 Alle Mehlsorten in einer großen Schüssel mischen und in die Mitte eine Mulde drücken. Joghurt, Wasser und Hefe vermengen und die Mischung in die Mulde gießen. Achten Sie darauf, dass der Joghurt Raumtemperatur hat, sonst geht die Hefe nicht auf. Den Vorteig 20 Minuten an einem warmen Ort gehen lassen.

2 Das Salz zufügen und alle Zutaten zu einem Teig verrühren und diesen kneten, bis der Teig sich vom Schüsselrand löst. Dann zu einer Kugel formen und abgedeckt 45 Minuten an einem warmen Ort gehen lassen.

3 Den Teig nochmals kurz durchkneten, halbieren und die beiden Hälften zu ovalen Brotlaiben formen. Die Brote auf ein mit Backpapier ausgelegtes Blech legen und nochmals 20 Minuten an einem warmen Ort gehen lassen. Ich achte immer darauf, dass die Laibe nicht zu flach werden, denn das Brot wird beim Gehen auf dem Blech breiter.

4 Den Backofen auf 250 °C vorheizen. Das Blech mit den Brotlaiben auf die mittlere Schiene schieben. Eine hitzebeständige Schale mit kochendem Wasser in den Backofen stellen. Nach 10 Minuten die Temperatur auf 200 °C reduzieren. Die Brote weitere 40 Minuten backen.

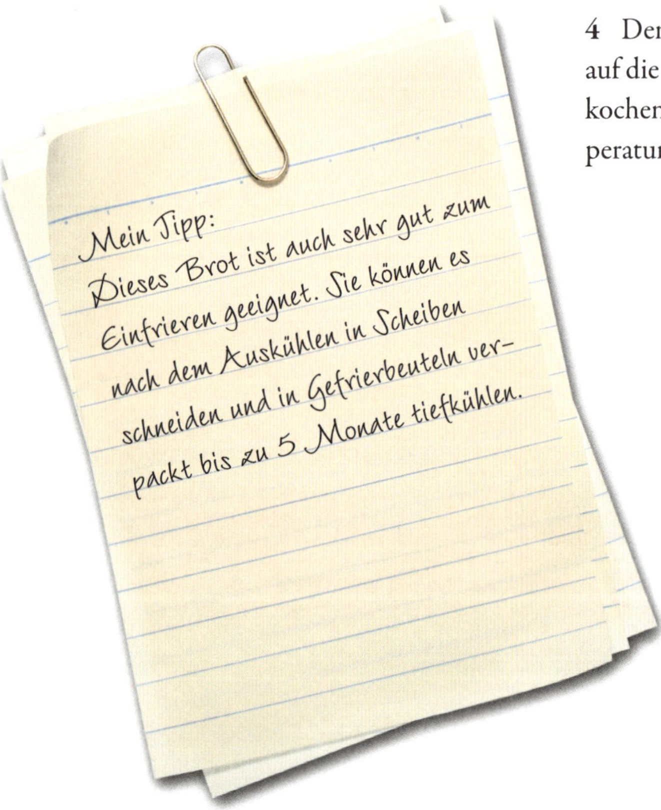

Holsteinisches Feinbrot

Buchweizengrütze macht dieses Brot zu einem besonderen Leckerbissen. Das Rezept haben wir während eines Ostseeurlaubs von unserer Pensionswirtin bekommen – eine schöne Erinnerung an die Ferien am Meer.

Zutaten für 1 Brot

750 ml Milch
50 g Buchweizengrütze
800 g Roggenmehl (Type 815)
200 g Weizenmehl (Type 405)
4 TL Salz
2 Würfel frische Hefe
Butter oder Öl, zum Einfetten
2 EL Milch
1 TL Speiseöl

1 Die Milch zum Kochen bringen, anschließend die Buchweizengrütze einrühren und aufquellen lassen, bis die Grütze weich ist. Etwas abkühlen lassen.

2 Beide Mehlsorten mit dem Salz in eine große Schüssel sieben. In die Mitte eine Mulde drücken und die Hefe hineinbröckeln.

3 Die handwarme aufgequollene Buchweizengrütze zugeben und alles zu einem glatten Teig verkneten, bis sich dieser vom Schlüsselrand löst. Falls der Teig zu fest sein sollte, füge ich etwas warme Milch hinzu.

4 Den Teig zu einer Kugel formen und auf einer bemehlten Arbeitsfläche etwa 10–15 Minuten kneten, bis er nicht mehr klebt und geschmeidig ist.

5 Den Boden der Schüssel mit Mehl bestäuben und den Teig wieder in die Schüssel legen. Die Schüssel mit einem Küchentuch abdecken und den Teig abgedeckt an einem warmen Ort 45 Minuten gehen lassen, bis sich sein Volumen verdoppelt hat.

6 Den Teig noch einmal kurz durchkneten und daraus einen länglichen Laib formen. Diesen in eine gefettete Kastenform (35 cm lang) legen und den Teig nochmals 45 Minuten an einem warmen Ort gehen lassen.

7 Den Backofen auf 200 °C vorheizen. Die Milch mit dem Öl verrühren und den Brotlaib damit bestreichen. Das Brot mit einem scharfen Messer mehrfach rautenförmig einschneiden und auf der unteren Schiene 1 Stunde backen.

Hirsebrot

Das Brot aus Hirse- und Weizenmehl heißt in unserer Familie nur noch „Angela-Brot", weil wir das Rezept von Tante Angela bekommen haben. Tante Angela ist längst verstorben — aber ihr Brot begleitet uns bis heute.

Zutaten für 1 Brot

80 g Hirseflocken
300 g Hirsemehl
350 g Weizenvollkornmehl
80 g Weizenkleber
50 g Erdmandelflocken (aus dem Reformhaus oder ersatzweise gemahlene Mandeln)
3 TL Salz
360 ml lauwarme Milch
1 Würfel frische Hefe
2 EL klarer Honig
Butter, zum Einfetten
1 EL Hirseflocken, zum Bestreuen

1 Hirseflocken und -mehl, Weizenvollkornmehl und -kleber sowie Erdmandeln und Salz in einer großen Schüssel mischen. In die Mitte eine Mulde drücken.

2 Die Milch in eine kleine Schüssel gießen und die Hefe in die Milch bröckeln. Den Honig in die Hefemilch einrühren und diese einige Minuten gehen lassen, bis sich das Volumen verdoppelt hat. Die Hefemilch in die Mehlmulde gießen und mit dem Mehl zu einem Teig verrühren. Ich verwende hierzu manchmal ein elektrisches Handrührgerät mit Knethaken, Sie können aber auch alles mit einem Holzlöffel verrühren.

3 Den Teig mit den Händen 10 Minuten auf einer bemehlten Arbeitsfläche kneten. Dann in die Schüssel legen, mit einem Küchentuch abdecken und an einem warmen Ort mindestens 45 Minuten gehen lassen.

4 Den Teig nochmals kurz mit den Händen durchkneten. Dann eine lange Rolle daraus formen und diese in eine gefettete Kranz- oder Savarinform legen. Den Brotlaib mit Wasser bestreichen und mit den Hirseflocken bestreuen. Das Brot abgedeckt noch einmal an einem warmen Ort mindestens 45 Minuten gehen lassen. Das Volumen des Teigs sollte deutlich zunehmen.

5 Den Backofen auf höchster Stufe vorheizen. Eine hitzebeständige Schale mit kochendem Wasser in den Backofen stellen. Das Brot auf die zweitunterste Schiene schieben. Die Temperatur auf 220 °C reduzieren und nach 10 Minuten auf 200 °C. Das Brot noch 35 Minuten backen.

Rustikales Schrotbrot

„Das Geheimnis ist die Buttermilch!“, hat meine Großmutter mir zu diesem Rezept schon verraten, als ich noch ein kleines Mädchen war. Buttermilch und Roggenschrot verleihen dem Brot sein unnachahmliches Aroma.

Zutaten für 1 Brot

500 g Roggenschrot
500 g Weizenmehl (Type 1050)
2 TL Salz
60 g frische Hefe
300 ml lauwarmes Wasser
1 TL Zucker
250 ml lauwarme Buttermilch
etwas Roggenschrot, zum Bestreuen

1 Roggenschrot, Weizenmehl und Salz in einer großen Schüssel mischen und in die Mitte eine Mulde drücken. Die Hefe in die Mulde bröckeln und mit etwas lauwarmem Wasser, dem Zucker und etwas Mehl zu einem Vorteig verarbeiten. Die Schüssel mit einem Küchentuch abdecken und den Vorteig 20 Minuten an einem warmen Ort gehen lassen.

2 Das restliche lauwarme Wasser und die Buttermilch zum Vorteig geben und alle Zutaten mit einem Holzlöffel zu einem Teig verrühren. Diesen dann etwa 15 Minuten mit den Händen kräftig durchkneten.

3 Den Teig zu einem ovalen Brotlaib formen und auf ein mit Backpapier ausgelegtes Backblech legen. Mit einem Küchentuch abgedeckt 45–60 Minuten an einem warmen Ort gehen lassen, bis sich das Volumen verdoppelt hat.

4 Den Backofen auf 225 °C vorheizen. Den Laib mit Roggenschrot bestreuen und das Brot auf der mittleren Schiene 60–80 Minuten backen.

Auf der folgenden Seite zeige ich Ihnen, wie der Hefeteig zubereitet wird.

Zunächst werden alle Mehlsorten in einer Schüssel gemischt und in die Mitte eine Vertiefung gedrückt.

Die Hefe wird mit Zucker, lauwarmem Wasser und etwas Mehl in der Vertiefung zu einem Vorteig verrührt.

Der Teig muss kräftig durchgeknetet werden, bis sich beim Kneten Luftblasen an der Oberfläche bilden.

Nachdem das Brot geformt ist, muss der Teig abgedeckt nochmals an einem warmen Ort gehen.

Brotpudding mit Weinschaumcreme

Reste des Schrotbrots oder anderer kräftiger, rustikaler Brote hat die Mutter einer Freundin gern zu Brotpudding verarbeitet, der – sicher nicht zuletzt wegen der Weinschaumcreme – bei manchen Familienmitgliedern fast noch beliebter war als das frische Brot.

Zutaten für 4 Portionen

50 g Butter
200 g altbackenes Brot, gerieben
500 ml Wasser oder Wein
2 EL Kakao
125 g Zucker
1 Prise Zimt
1 Prise Nelken
1 Prise Salz
4 Eigelb
4 Eiweiß, steif geschlagen

Creme

100 ml Weißwein halbtrocken
100 ml Milch
1 Spritzer Zitronensaft
2 Eier
30 g Zucker

1 Die Butter in einem Stieltopf zerlassen und das Brot darin leicht rösten.
2 Wasser oder Wein zugießen und die Zutaten verrühren und kräftig schlagen, bis sich der Teig vom Topfrand löst. Kakaopulver, Zucker und Gewürze zufügen, dann nach und nach das Eigelb unterrühren, dabei den Teig kräftig schlagen.
3 Den Eischnee unterziehen und den Teig 1 Stunde im Wasserbad garen.
4 Für die Creme Wein, Milch, Zitronensaft, Eier und Zucker in einer Schüssel über einem heißen Wasserbad schaumig schlagen. Den Weinschaum in tiefe Teller geben und den Brotpudding in die Mitte stürzen.

Tontopfbrot

Bei Kindergeburtstagen ist dieses Brot seit jeher der Renner. Kein Wunder: Die Tontöpfe sehen auf dem Büfett auch wirklich dekorativ aus. In Scheiben geschnitten und mit Butter bestrichen, ist jeder Bissen ein echter Genuss.

Zutaten für 2 Brote

1 Würfel frische Hefe
2 TL klarer Honig
450 ml lauwarmes Wasser
800 g Weizenvollkornmehl
50 g Weizenkleie
2 TL Salz
120 g gehackte Pistazien
120 g ungeschwefelte getrocknete Apfelringe, in Würfeln
Butter, zum Einfetten

1 Die Hefe in einer kleinen Schüssel zerbröckeln. Den Honig zugeben, 100 ml Wasser dazugießen und die Hefe darin auflösen. 15 Minuten an einem warmen Ort gehen lassen.

2 Das Weizenvollkornmehl mit der Weizenkleie und dem Salz in einer großen Schüssel mischen, den Hefevorteig und das restliche Wasser zugeben. Alle Zutaten zu einem glatten Teig verarbeiten und diesen 10 Minuten mit den Händen durchkneten.

3 Pistazien und Apfelwürfel unterkneten. Den Teig an einem warmen Ort etwa 45 Minuten gehen lassen. Zwei Blumentöpfe aus Ton mit je 12 cm Durchmesser mit Alufolie auskleiden und diese auf der Innenseite mit Butter einfetten. Den Teig nochmals durchkneten, halbieren, in die Töpfe geben und 15 Minuten an einem warmen Ort gehen lassen.

4 Den Backofen auf 220 °C vorheizen. Die Teigoberflächen mit Wasser bestreichen und mit einem Messer kreuzförmig einschneiden. Dann die Brote auf der untersten Schiene etwa 30 Minuten backen.

Kommissbrot

Mein Großvater schätzte dieses traditionelle Brot, weil es mit Kümmel gewürzt ist, und hat diese Begeisterung offenbar vererbt. Schon als Kleinkind wünschte sich mein Neffe immer wieder dieses „Kümmissbrot".

Zutaten für 1 Brot

700 g Roggenmehl (Type 1370)
300 g Weizenmehl (Type 550)
1 TL Salz
¾ Würfel frische Hefe
1 TL Zucker
650 ml lauwarmes Wasser
1 TL gemahlener Kümmel
Butter, zum Einfetten
Mehl, zum Bestreuen
ganze Kümmelsamen, zum Bestreuen

1 Roggenmehl, Weizenmehl und Salz in einer großen Schüssel mischen und in die Mitte eine Mulde drücken. Die Hefe in die Mulde bröckeln. Dann mit dem Zucker, 5 Esslöffeln lauwarmem Wasser und etwas Mehl zu einem Vorteig verrühren. Die Schüssel mit einem Küchentuch abdecken und den Vorteig 20 Minuten an einem warmen Ort gehen lassen.

2 Restliches Wasser und gemahlenen Kümmel zum Vorteig geben. Alle Zutaten zu einem glatten Teig verrühren und diesen 10–15 Minuten mit den Händen durchkneten.

3 Den Teig zu einer Kugel formen. Auf ein mit Backpapier ausgelegtes Blech setzen. Die Teigkugel etwas flach drücken. Mit einem Küchentuch abdecken und an einem warmen Ort etwa 40 Minuten gehen lassen, bis sich das Teigvolumen verdoppelt hat.

4 Den Backofen auf 220 °C vorheizen. Den Brotlaib vor dem Backen rautenförmig einschneiden, mit lauwarmem Wasser bepinseln und mit etwas Weizenmehl sowie Kümmelsamen bestreuen.

5 Auf mittlerer Schiene 20 Minuten backen. Dann die Temperatur auf 200 °C reduzieren und das Kommissbrot weitere 40 Minuten backen.

Mein Tipp:
Sie können den Laib auch rechteckig formen und in einer Kastenform backen, dann bildet sich nur oben – wie beim Kommissbrot üblich – eine stärkere Kruste aus, während die Seiten weicher bleiben.

Buttermilchbrot

Das Rezept für dieses Brot hat mir eine Freundin auf einem alten Briefumschlag notiert. Das Originalkuvert mit ihrem Hinweis „Sehr fein!" steckt bis heute in einem Heft, in dem ich unsere Lieblingsrezepte sammle.

Zutaten für 1 Brot
400 g Weizenmehl (Type 405)
50 g Weizenvollkornschrot
50 g Roggenmehl (Type 1370)
1 Würfel frische Hefe
1 EL Zucker
450 ml warme Buttermilch
1 TL Salz
Milch, zum Bestreichen
Haferflocken, zum Bestreuen

1 Alle Mehlsorten in eine Schüssel geben und in die Mitte eine Mulde drücken. Die Hefe in die Mulde bröckeln. Den Zucker und die Hälfte der Buttermilch zugeben und mit der Hefe und etwas Mehl zu einem Vorteig verrühren. Die Schüssel mit einem Küchentuch abdecken und den Teig 15 Minuten an einem warmen Ort gehen lassen.

2 Restliche Buttermilch und Salz zufügen. Alle Zutaten zu einem glatten Teig verarbeiten. Verwenden Sie dazu zunächst einen Holzlöffel. Danach muss der Teig mit den Händen kräftig durchgeknetet werden, nur so erhält er seine Geschmeidigkeit. Den Teig mit Mehl bestäuben und mit einem Küchentuch abgedeckt 40 Minuten an einem warmen Ort gehen lassen.

3 Den Teig nochmals kurz durchkneten und daraus einen ovalen Laib formen. Auf ein mit Backpapier ausgelegtes Blech setzen und abgedeckt 25 Minuten an einem warmen Ort gehen lassen.

4 Den Backofen auf 225 °C vorheizen. Den Brotlaib mit Milch bestreichen und mit Haferflocken bestreuen. 30–40 Minuten backen.

Speckbrot

„In der allergrößten Not schmeckt die Wurst auch ohne Brot", witzelte mein Vater gelegentlich. Umgekehrt stimmt's auch: Dieses Brot schmeckt uns auch pur ohne jeden Belag – zum Beispiel zu Suppe oder Salat.

Zutaten für 1 Brot

150 g durchwachsener Speck, gewürfelt
1 Zwiebel, gehackt
250 g Weizenmehl (Type 550)
250 g Weizenvollkornschrot
½ TL Salz
1 Würfel frische Hefe
1 TL Zucker
300 ml lauwarmes Wasser

1 Den Speck in einer Pfanne ohne Fett knusprig braten, herausnehmen und auf Küchenpapier abtropfen lassen. Dann die Zwiebel in dem ausgelassenen Fett glasig dünsten. Aus der Pfanne nehmen und beiseitestellen.

2 Beide Mehlsorten und Salz in einer Schüssel vermengen und in die Mitte eine Mulde drücken. Die Hefe hineinbröseln und mit dem Zucker, etwas Wasser und etwas Mehl zu einem Vorteig verrühren. Die Schüssel mit einem Küchentuch abdecken und den Vorteig 20 Minuten an einem warmen Ort gehen lassen.

3 Das restliche Wasser zum Vorteig geben und alles zu einem glatten Teig verarbeiten. Das mache ich hier mit einer Hand, während ich mit der anderen das Wasser allmählich dazugieße. Den Teig dann 10–15 Minuten mit den Händen kräftig durchkneten. Anschließend Speck und Zwiebel unterkneten. Den Teig zu einem runden Brotlaib formen und auf ein mit Backpapier ausgelegtes Backblech setzen. Mit einem Küchentuch abdecken und 45 Minuten an einem warmen Ort gehen lassen.

4 Den Backofen auf 180 °C vorheizen. Den Brotlaib auf der Oberseite mit einem scharfen Messer kreuzweise einschneiden, mit etwas Wasser bestreichen und 50 Minuten backen.

Mein Tipp:
Ich gebe dem Teig manchmal auch eine fein gehackte milde Peperoni oder in Ringe geschnittene Oliven zu.

Krustenbrot

Sobald das Brot im Ofen ist und der Duft durchs Haus zieht, versammelt sich binnen Kurzem die ganze Familie in der Küche und wetteifert darum, wer den köstlichen Anschnitt mit Butter essen darf.

Zutaten für 1 Brot

150 g Roggenmehl (Type 1150)
900 g Weizenmehl (Type 1050)
4 TL Salz
2 Würfel frische Hefe
2 TL Zucker
600 ml lauwarmes Wasser
2 EL Speiseöl

1 Beide Mehlsorten und Salz in einer großen Schüssel vermengen und in die Mitte eine Mulde drücken. Die Hefe in die Mulde bröseln und mit dem Zucker, etwas Wasser und etwas Mehl zu einem Vorteig verrühren. Die Schüssel mit einem Küchentuch abdecken und den Vorteig 20 Minuten an einem warmen Ort gehen lassen.

2 Restliches Wasser und Öl zum Vorteig hinzufügen. Die Zutaten zu einem Teig verrühren und diesen 10–15 Minuten mit den Händen kräftig durchkneten.

3 Den Teig mit Mehl bestäuben. Die Schüssel mit einem Küchentuch abdecken und den Teig 40 Minuten an einem warmen Ort gehen lassen.

4 Den Teig nochmals kurz durchkneten, zu einem runden Brotlaib formen und auf ein mit Backpapier ausgelegtes Backblech setzen. Mit einem Küchentuch abdecken und nochmals 40 Minuten an einem warmen Ort gehen lassen.

5 Den Backofen auf 250 °C vorheizen. Die Oberseite des Brotes mit einem scharfen Messer zweimal unregelmäßig einschneiden. Die Einschnitte werden später die knusprige Brotrinde ergeben.

6 Das Brot auf mittlerer Schiene 10 Minuten backen, dann die Temperatur auf 200 °C reduzieren und weitere 30 Minuten backen.

Kastenweißbrot

Dieses Brot backe ich oft am Samstagabend für das Sonntagsfrühstück. Wenn ein paar Scheiben übrig bleiben, wende ich sie am Montag in Eiermilch und brate sie in der Pfanne als „Arme Ritter" für die Kinder aus.

Zutaten für 1 Brot

500 g Weizenmehl (Type 405)
1 Würfel frische Hefe
1 TL Zucker
100 ml lauwarme Milch
2 Eier
1 Eigelb
200 g saure Sahne
1 TL Salz

1 Das Mehl in eine Schüssel sieben und in die Mitte eine Mulde drücken. Die Hefe in die Mulde bröseln und mit Zucker, Milch und etwas Mehl zu einem Vorteig verrühren. Den Vorteig 20 Minuten an einem warmen Ort gehen lassen.

2 Eier, Eigelb, saure Sahne und Salz zum Vorteig geben und alles gut verrühren. Hierzu verwende ich oft ein elektrisches Handrührgerät mit Knethaken. Wichtig ist, dass die Eier und die Sahne nicht zu kalt sind, sondern Raumtemperatur haben, sonst werden die Hefepilze zerstört. Dann den Teig 10 Minuten mit den Händen durchkneten. In eine bemehlte Schüssel geben, diese mit einem Küchentuch abdecken und den Teig an einem warmen Ort 40 Minuten gehen lassen.

3 Den Teig nochmals kurz durchkneten, zu einem länglichen Brotlaib formen und in eine Rehrücken- oder Kastenform (30 cm lang) setzen. Mit einem Küchentuch abgedeckt nochmals 40 Minuten an einem warmen Ort gehen lassen.

4 Den Backofen auf 180 °C vorheizen. Den Brotlaib auf der Oberseite mit einem scharfen Messer der Länge nach einschneiden, mit Wasser bestreichen und auf mittlerer Schiene 40 Minuten backen.

Mein Tipp:
Manchmal bestreue ich das Brot unmittelbar vor dem Backen noch mit Mohn oder Sesam.

Stockbrot

Wenn wir an Sommerabenden mit Freunden ums Lagerfeuer sitzen, gehört das Stockbrot einfach dazu. Während der Holzscheit herunterbrennt, schneiden die Väter die Haselnussäste zu, um den wir den Teig wickeln.

Zutaten für 20 Stockbrote

1 kg Weizenmehl (Type 405)
1 TL Salz
1 Würfel frische Hefe
500 ml lauwarmes Wasser
1 TL klarer Honig
Äste von einem ungiftigen Baum, das dünnere Ende von der Rinde befreit

1 Mehl und Salz in einer großen Schüssel vermengen und in die Mitte eine Mulde drücken. Die Hefe in die Mulde bröckeln und mit etwas Wasser, Honig und etwas Mehl zu einem Vorteig verrühren. Den Vorteig 20 Minuten an einem warmen Ort gehen lassen.

2 Das restliche Wasser zum Vorteig gießen. Es sollte unbedingt noch lauwarm sein. Dann alles zu einem Teig verrühren und diesen 10 Minuten kräftig mit den Händen durchkneten. Den Teig 30 Minuten an einem warmen Ort gehen lassen.

3 Ein Feuer mit trockenem Holz und ohne weitere Zutaten (weder Spiritus noch Grillanzünder) entfachen und das Holz abbrennen lassen, bis nur noch eine Glut brennt. Währenddessen können die Väter die Äste für die Brote vorbereiten.

4 Den Teig nochmals gut durchkneten. In kleine Portionen teilen und diese zu fingerdicken Teigrollen formen. Jede Teigrolle spiralförmig um einen Ast wickeln und leicht festdrücken. Den Teig über die Glut halten, dabei den Stock immer wieder drehen, bis das Brot gar ist.

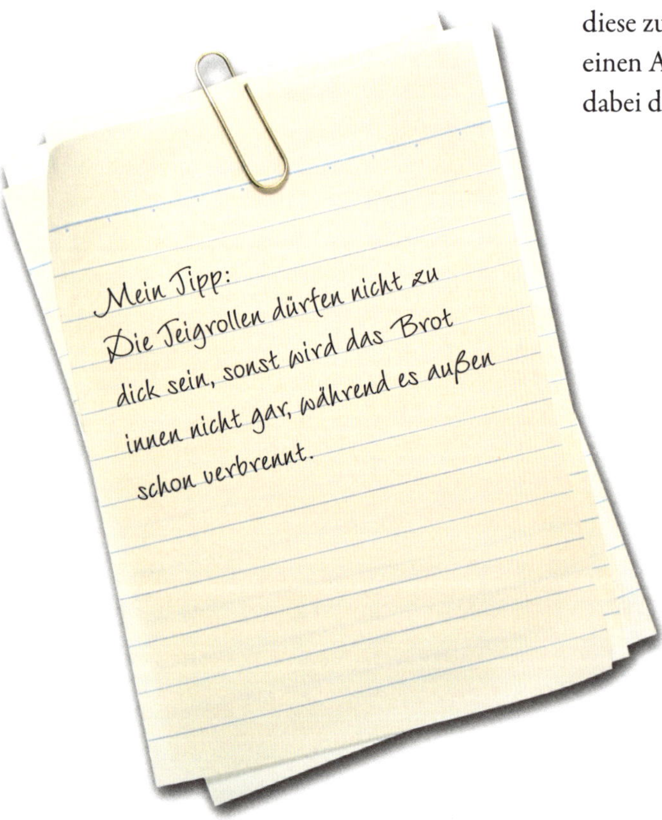

Weizenmischbrot

Über viele Jahre hinweg haben wir gerätselt, warum Omas Brot so appetitlich glänzte. Nach langem Betteln hat sie uns ihren Trick verraten: Das fertige Brot wird nach dem Backen mit einer Stärkelösung bestrichen.

Zutaten für 1 Brot

600 g Weizenmehl (Type 550)
400 g Roggenmehl (Type 997)
2 EL Salz
400 ml kochendes Wasser
1 Würfel frische Hefe
1 TL Zucker
100 ml lauwarmes Wasser
300 g lauwarmer Sauerteig
(siehe Seite 13)
2 TL Öl

Stärkelösung

200 ml Wasser
1 TL Speisestärke

1 Die beiden Mehlsorten mit dem Salz in einer großen Schüssel vermengen. Langsam das Wasser unter Rühren dazugießen, sodass ein krümeliger Teig entsteht. Diesen auf Raumtemperatur abkühlen lassen.

2 Die Hefe zerbröckeln und mit Zucker und lauwarmem Wasser glatt rühren. Abdecken und 15 Minuten gehen lassen.

3 Den Sauerteig mit dem Mehl-Wasser-Teig verkneten. Das Hefewasser dazugießen und den Teig 10–15 Minuten kräftig durchkneten. Wenn der Teig noch klebt, können Sie mehr Mehl hinzufügen. Falls er zu trocken ist, etwas lauwarmes Wasser hinzugießen.

4 Eine Schüssel leicht mit Öl einfetten, den Teig zu einer Kugel formen, in die Schüssel legen und dünn mit Öl bestreichen. Die Schüssel mit Frischhaltefolie abdecken, um ein Austrocknen des Teiges zu verhindern, und 12 Stunden an einem warmen Ort gehen lassen.

5 Den Teig erneut 10 Minuten durchkneten. Dabei, falls nötig, noch so viel Weizen- und Roggenmehl hinzufügen, dass ein geschmeidiger Teig entsteht. Diesen wieder zu einer Kugel formen, in die gefettete Schüssel geben und mit etwas Öl bestreichen. Den Teig abgedeckt 1 Stunde an einem warmen Ort gehen lassen.

6 Nochmals kurz durchkneten, zu einem runden Laib formen und auf ein mit Backpapier ausgelegtes Backblech setzen. Mit einem Küchentuch abdecken und 1 Stunde gehen lassen.

7 Den Backofen auf 250 °C vorheizen. Eine hitzebeständige Schale mit kochendem Wasser in den Backofen stellen. Den Brotlaib mit feuchten Händen glätten und 10 Minuten auf mittlerer Schiene backen. Dann die Temperatur auf 200 °C reduzieren und weitere 50 Minuten backen.

8 Kurz vor Ende der Backzeit die Stärkelösung zubereiten. Dazu das Wasser zum Kochen bringen. Die Speisestärke mit etwas kaltem Wasser glatt rühren, ins kochende Wasser einrühren und einmal aufkochen. Das noch heiße Brot mit ein wenig Stärkelösung bestreichen, damit es einen schönen Glanz erhält.

Kürbiskernbrot

Meine Tochter hat sich lange nicht an Hefeteig herangetraut – bis sie dieses Rezept entdeckte, für das Trockenhefe verwendet wird. Seitdem überrascht sie uns immer wieder zum Abendessen mit ihrem kernigen Brot.

Zutaten für 1 Brot

600 g Weizenvollkornmehl
100 g Weizenschrot
50 g Kürbiskerne
2 Päckchen Trockenhefe
1 EL Salz
1 EL Zucker
600 ml Buttermilch
150 g Sauerteig (siehe Seite 13)
50 g Kürbiskerne, für die Form und zum Bestreuen
Butter, zum Einfetten

1 Alle Zutaten in einer Schüssel mischen und zu einem glatten Teig verkneten. Meine Tochter verwendet dazu die Knethaken eines elektrischen Handrührgeräts. Dann den Teig abgedeckt etwa 1 Stunde an einem warmen Ort gehen lassen.

2 Einen Bräter oder eine Kastenform (30 cm lang) mit Backpapier auslegen und die Hälfte der Kürbiskerne auf dem Boden der Form verteilen.

3 Den Teig nochmals kräftig durchkneten und anschließend in die Form geben. Die restlichen Kürbiskerne darüberstreuen und den Teig nochmals 30 Minuten gehen lassen.

4 Den Backofen auf 200 °C vorheizen. Das Brot auf mittlerer Schiene 50–60 Minuten backen.

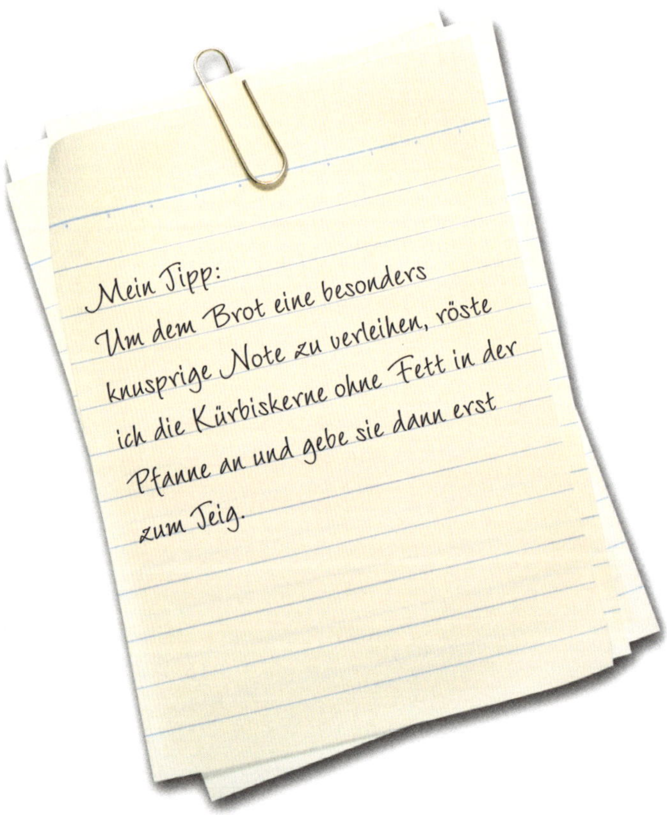

Leinsamenbrot

Die klassischen Brotgewürze Kümmel, Fenchel, Anis und Koriander verleihen diesem Brot seinen charakteristischen Geschmack und machen es besonders bekömmlich. Es ist seit Jahren das Lieblingsbrot meines Mannes!

Zutaten für 1 Brot

1 EL Sauerteig (siehe Seite 13)
1,5 l lauwarmes Wasser
150 g Leinsamen
1,5 kg Roggenmehl (Type 1370)
500 g Weizenmehl (Type 550)
½ Würfel frische Hefe
2 EL Salz
1 EL gemischte Gewürze (Kümmel, Fenchel, Anis, Koriander)

1 Den Sauerteig in 250 ml lauwarmem Wasser auflösen, die Leinsamen 30 Minuten in 250 ml warmem Wasser aufquellen lassen.

2 Das Mehl in eine große Schüssel geben und in die Mitte eine Mulde drücken. Den Sauerteig in die Mulde gießen und mit etwas Mehl verrühren. Die Schüssel mit einem Küchentuch abdecken und den Ansatz über Nacht an einem warmen Ort gären lassen.

3 Die Hefe in den Ansatz bröckeln. Salz, Gewürze und eingeweichte Leinsamen zum Mehl geben und alles vermengen. Das restliche Wasser dazugießen und zu einem nicht zu festen Teig verarbeiten. Diesen 15 Minuten kräftig mit den Händen durchkneten. Achten Sie darauf, dass die Schüssel beim Kneten weder zu hoch noch zu tief steht, sonst haben Sie schnell Rückenschmerzen.

4 Den Teig abdecken und etwa 1 Stunde an einem warmen Ort gehen lassen, bis sich das Volumen verdoppelt hat.

5 Anschließend den Teig zu einem runden Laib formen und auf ein mit Backpapier ausgelegtes Backblech legen. Besonders schön sieht das gebackene Brot später aus, wenn Sie den Laib jetzt rundum am Rand strahlenförmig einschneiden. Dann das Brot nochmals abgedeckt 45 Minuten gehen lassen.

6 Den Backofen auf 250 °C vorheizen. Das Brot auf mittlerer Schiene 20–30 Minuten backen, bis der Laib eine goldbraune Farbe hat, dann die Temperatur auf 180 °C reduzieren und das Brot weitere 60–70 Minuten backen. Während der letzten 15 Minuten den Backofen ganz ausschalten.

Fränkisches Bauernbrot

Wenn wir nicht zum Einkaufen kommen, greife ich zu Sauerteigextrakt und Trockenhefe aus dem Vorratsschrank. Ein bisschen Geduld muss die Familie aber trotzdem mitbringen, denn der Teig braucht Ruhe zum Gehen.

Zutaten für 1 Brot

500 g Roggenmehl (Type 1370)
200 g Weizenmehl (Type 1050)
100 g Roggenschrot
1 Päckchen Sauerteigextrakt
1 Päckchen Trockenhefe
600 ml lauwarmes Wasser
2 TL Salz

1 Die Mehlsorten mit dem Sauerteigextrakt und der Hefe in einer großen Schüssel mischen. Lauwarmes Wasser und Salz dazugeben und alles zu einem festen Teig verarbeiten. Den Teig mit Mehl bestäuben und etwa 3 Stunden gehen lassen.

2 Danach den Teig zu einem ovalen Laib formen und auf ein mit Backpapier ausgelegtes Backblech setzen. Charakteristisch für dieses Brot sind die kleinen Vertiefungen auf der Oberfläche. Dazu drücken Sie am besten mit dem Stiel eines Holzlöffels kleine Mulden in die Oberfläche des Brotes. Dann das Brot dick mit Mehl bestäuben.

3 Den Brotlaib nochmals 1 Stunde gehen lassen. Den Backofen auf 200 °C vorheizen und das Brot auf der zweituntersten Schiene 1 Stunde backen.

Schinkencreme nach Marcel

Marcel, ein guter Familienfreund, brachte vor Jahren mal diese Schinkencreme mit, als ich gerade ein Fränkisches Bauernbrot gebacken hatte. Weil die Kombination so köstlich war, mache ich diese Creme nun immer wieder. Dazu würfle ich 300 g gekochten Schinken und verrühre ihn mit 3 Esslöffeln Sahne und 125 g Magerquark. Dann würze ich die Creme mit 1–2 zerstoßenen Wacholderbeeren, Salz, Pfeffer sowie 1 Esslöffel Zitronensaft und gebe noch 2 gehackte, hart gekochte Eier, fein gehackte Petersilie und gehackten Thymian zu. Zum Schluss bestreue ich die Creme mit Walnüssen und Petersilie.

Altdeutsches Roggenbrot

Honig und Zuckerrübensirup sind typische Zutaten für dieses dunkle Roggenvollkornbrot. Das Rezept dafür habe ich von einer alten Freundin aus dem Rheinland bekommen, die dieses Brot seit vielen Jahren backt.

Zutaten für 1 Brot

200 g klarer Honig
1,5 l lauwarmes Wasser
2 kg Roggenvollkornmehl
1 Würfel frische Hefe
1 TL Zuckerrübensirup oder klarer Honig
100 ml Wasser
2 EL Roggen- oder Weizenmehl
2 EL Salz
2–3 EL Kümmel (nach Geschmack)
Butter, zum Einfetten
Sonnenblumenkerne

1 Den Honig unter Rühren im Wasser auflösen. Das Mehl in eine große Schüssel geben und in die Mitte eine Mulde drücken. Das Honigwasser hineingießen und mit etwas Mehl zu einem Sauerteigansatz verrühren. Die Schüssel gut mit Frischhaltefolie abdecken und den Ansatz 24 Stunden gären lassen.

2 Den Ansatz umrühren und die Gärung prüfen: Bei nicht deutlich wahrnehmbarem säuerlichem Geruch und Bläschenbildung noch etwas Mehl vom Rand in den Ansatz einrühren und den Ansatz weitere 1 bis 2 Tage gären lassen.

3 Hefe, Zuckerrübensirup oder Honig, Wasser und Roggen- oder Weizenmehl in einer Schüssel verrühren und 15 Minuten abgedeckt gehen lassen. Die Hefemischung mit Salz und nach Geschmack mit Kümmel zum Sauerteig geben und alle Zutaten zu einem geschmeidigen Teig verkneten. Das dauert bei mir etwa 10 Minuten.

4 Eine quadratische Form einfetten und den Boden mit Sonnenblumenkernen ausstreuen. Den Teig in die Form geben, die Ränder rundum einschneiden und das Brot an einen warmen Ort stellen, bis der Brotlaib deutlich sichtbar aufgegangen ist.

5 Die Wände des Backofens mit einem sehr feuchten Tuch abreiben und das Brot auf einem Rost in den kalten Ofen stellen. Den Ofen auf 190 °C heizen und das Brot 100 Minuten backen.

Mein Tipp:
Man kann das Brot natürlich auch in einer Kasten- oder runden Form backen.

Kartoffelbrot

Bei meiner Tante Maria gab es immer ein besonders saftiges Brot, das uns allen ausgezeichnet schmeckte. Das Geheimnis hat sie mir vor ein paar Jahren verraten: Sie mengt Pellkartoffeln und Buttermilch in den Teig.

Zutaten für 1 Brot

450 ml warmes Wasser oder Buttermilch
2 Würfel frische Hefe
1 EL klarer Honig
600 g Roggenmehl (Type 1740)
350 g Weizenvollkornmehl
250 g Weizenmehl (Type 550 oder 1050)
200 g Sauerteig (siehe Seite 13)
400 g gut zerdrückte Pellkartoffeln
2–3 EL Haferkleie
2 TL Salz
7 TL gemischte Gewürze (gemahlener Koriander, Kümmel, Anis und Fenchel)
Butter, zum Einfetten
kernige Haferflocken

1 Wasser oder Buttermilch mit Hefe und Honig verrühren und abgedeckt 20 Minuten gehen lassen.

2 Die übrigen Zutaten bis auf die Gewürze in einer großen Schüssel vermengen. Hefemischung und Gewürze zufügen und alles gründlich verkneten. Den Teig abgedeckt 1 Stunde gehen lassen. Anschließend den Teig nochmals durchkneten und eventuell noch etwas Mehl zugeben.

3 Eine Gugelhupfform mit glattem Rand oder eine Kastenform (35 cm lang) einfetten, mit Haferflocken ausstreuen und den Teig in die Form geben. Die Oberfläche des Brotes mit Wasser bestreichen, mit Haferflocken bestreuen und mit einem scharfen Messer rautenförmig einschneiden. Den Teig 1 weitere Stunde abgedeckt gehen lassen.

4 Den Backofen auf 200 °C vorheizen. Den Brotlaib auf der zweituntersten Schiene etwa 10 Minuten backen. Dann die Temperatur auf 180 °C reduzieren und das Brot weitere 35–50 Minuten backen.

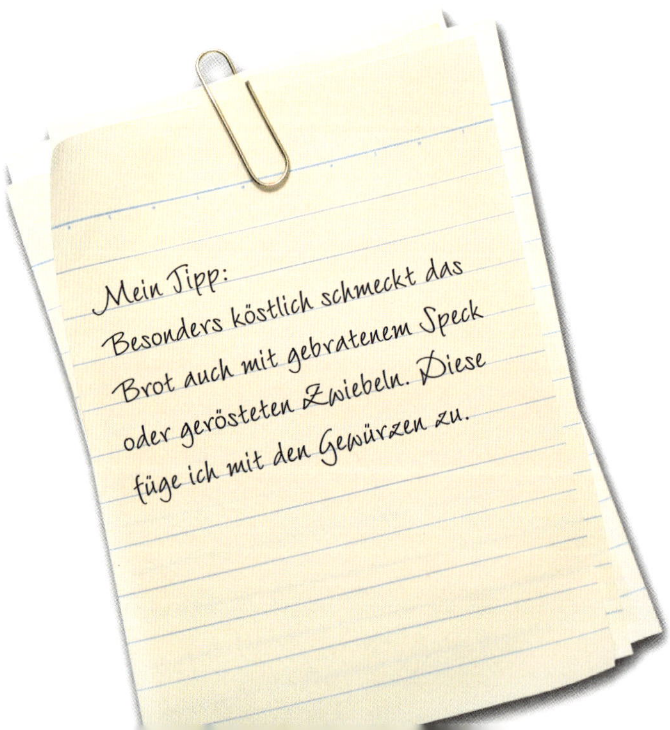

Heidebrot

Schrot und Mehl für dieses Brot hat meine Mutter aus Getreide immer selbst gemahlen. Schneller und einfacher geht's mit Zutaten aus dem Reformhaus oder Bioladen. Dort bekommen Sie auch das Buchweizenmehl.

Zutaten für 1 Brot

Vorteig

250 g Weizenmehl (Type 1050)
50 g Roggenvollkornschrot
1 gehäufter TL Grundansatz (Reformhaus)
1 gehäufter TL Backferment (Reformhaus)
250 ml lauwarmes Wasser (30 °C)

Hauptteig

500 g Roggenvollkornschrot
200 g Buchweizenmehl
4 gestrichene TL Salz, in etwas Wasser aufgelöst
2 TL klarer Honig
2 EL Speiseöl
250 ml warmes Wasser (45 °C)
2 EL Milch, zum Bestreichen

1 Für den Vorteig Mehl und Schrot in eine Schüssel geben. Grundansatz und Backferment in etwas warmem Wasser auflösen, dann mit dem restlichen Wasser über das Mehl gießen und alles gut verrühren. Die Schüssel mit Frischhaltefolie abdecken und den Vorteig über Nacht bei 26 °C gehen lassen. Von diesem Vorteig können Sie nun einen Grundansatz (2–3 gehäufte Teelöffel) für das nächste Brot abnehmen und in einem Schraubglas im Kühlschrank verwahren.

2 Roggenschrot, Buchweizenmehl, aufgelöstes Salz, Honig, Öl und warmes Wasser zum Vorteig hinzufügen und zu einem geschmeidigen Teig verkneten. Die Schüssel mit Frischhaltefolie und einem Küchentuch abdecken und den Teig an einem 40 °C warmen Ort etwa 1 Stunde gehen lassen.

3 Den Teig mit Mehl bestreuen, auf einer bemehlten Arbeitsfläche gut durchkneten, bis der Teig nicht mehr klebt. Aus dem Teig eine 90 cm lange Rolle formen und diese zu einer Öse legen. Einen der beiden Teigstränge über den zweiten legen und unter diesem wieder nach oben und aus der Öse führen. Den zweiten Strang unter dem ersten durchführen und dann von oben nach unten durch die Öse schieben. Die beiden Rollenenden in die Mitte der Öse stecken, und zwar auf gegenüberliegenden Seiten von unten nach oben und von oben nach unten.

4 Den Laib auf ein mit Backpapier ausgelegtes Backblech legen und an einem warmen Ort mit einem Küchentuch bedeckt 1 Stunde gehen lassen. Den geflochtenen Laib anschließend mit warmer Milch bestreichen.

5 Den Backofen auf 250 °C vorheizen. Eine hitzebeständige Schale mit kochendem Wasser in den Backofen stellen. Das Brot auf die mittlere Schiene schieben. 10 Minuten backen, dann die Temperatur auf 200 °C reduzieren und weitere 50 Minuten backen.

Auf der folgende Seite zeige ich Ihnen, wie das Brot geflochten wird.

Der Grundansatz wird mit etwas Wasser verrührt, bevor mit dem Mehl und dem restlichen Wasser verknetet wird.

Der Vorteig muss über Nacht an einem warmen Ort gären. Ein Teelöffel dieses Vorteigs kann als Grundansatz für das nächste Brot verwendet werden.

Der aufgegangene Teig muss noch einmal gut durchgeknetet werden, bevor er weiterverarbeitet werden kann.

Der Teig wird zunächst zu einer 90 cm langen Rolle gerollt, dann zu einer Öse gelegt.

Ein Teigstrang wird nun von unten durch die Öse geschoben, während der zweite Teigstrang von oben durch die Öse nach unten geführt wird.

Abschließend werden die Rollenenden in die Mitte der Öse gesteckt, wobei sie noch einmal um die Teigrolle geführt werden.

Brotknödel

Dies ist eine deftige Variante der altbekannten Semmelknödel, für die ich gerne Reste des Heidebrots verwende. Übrig gebliebene Knödel schneide ich in Scheiben, röste sie in Butter an und serviere sie zu gemischtem Salat.

Zutaten für 4 Portionen

500 g Brotreste
350–400 ml Milch
100 g Räucherspeck
2 große Zwiebeln
Öl, zum Ausbraten
1 Bund Petersilie, gehackt
4 Eier
Salz, Pfeffer und Muskatnuss

1 Die Brotreste in Würfel schneiden und in eine Schüssel geben. Die Milch anwärmen, über die Brotwürfel gießen und alles 15 Minuten durchziehen lassen.

2 Räucherspeck und Zwiebeln würfeln. Je nachdem, wie fett der Speck ist, 2–3 Esslöffel Öl in der Pfanne erhitzen und die Speckwürfel darin anbraten, bis sie knusprig sind. Die Zwiebelwürfel dazugeben und glasig werden lassen. Zuletzt die Petersilie kurz zur Speck-Zwiebel-Mischung geben.

3 Die Eier mit Salz, Pfeffer und geriebener Muskatnuss verquirlen und zusammen mit der Speck-Zwiebel-Petersilien-Mischung unter die gequollenen Brotwürfel mengen. Den Teig noch einmal mit Salz und Pfeffer abschmecken.

4 In einem großen Topf Wasser zum Kochen bringen und leicht salzen.

5 Aus der Brotmasse Knödel formen und in das kochende Salzwasser geben. Die Temperatur reduzieren und die Knödel bei schwacher Hitze etwa 20 Minuten gar ziehen lassen.

Friesisches Schwarzbrot

Maike, meine Freundin in Norddeutschland, nimmt beim Brotbacken immer etwas Sauerteig ab und bewahrt ihn im Kühlschrank auf. So kann sie jederzeit ihr Schwarzbrot backen, für das sie im ganzen Freundeskreis berühmt ist.

Zutaten für 1 Brot

750 g Roggenschrot (Type 1800)
250 g Weizenmehl (Type 1050)
50 g Sauerteig (siehe Seite 13)
750 ml lauwarmes Wasser
1 TL Salz
Butter, zum Einfetten

1 Die Hälfte des Roggenschrots und das ganze Weizenmehl in eine angewärmte Schüssel geben. In die Mitte eine Mulde drücken. Den Sauerteig mit 500 ml lauwarmem Wasser verrühren und in die Mulde gießen. Langsam mit dem Mehl verrühren, sodass ein dicklicher Vorteig entsteht. Die Schüssel mit Frischhaltefolie abdecken und den Teig an einem warmen Ort über Nacht stehen lassen.

2 Restliches Wasser und Salz hinzugeben. Langsam die andere Hälfte des Roggenschrots unterrühren. Den Teig nur so lange kneten, bis er etwas fester ist. Eine Kugel formen, in eine angewärmte, bemehlte Schüssel geben und abgedeckt noch etwa 3 Stunden gehen lassen.

3 Einen ovalen Laib formen, auf ein gefettetes Backblech legen und weitere 1½–2 Stunden gehen lassen.

4 Den Backofen auf 250 °C vorheizen. Den Brotleib 10 Minuten bei 250 °C backen, dann die Temperatur auf 200 °C reduzieren und das Brot weitere 60–70 Minuten backen.

Liebe Maike,
herzlichen Dank für Dein Rezept, das ich inzwischen schon zweimal mit Erfolg ausprobiert habe. Gekrönt wurde der Genuss neulich bei einer Geburtstagsfeier durch das fantastisch würzige Griebenschmalz, das ich sonst immer für die Berliner Schusterjungen mache. Einige meiner schwäbischen Freundinnen haben mich um das Rezept gebeten. Hast Du etwas dagegen, dass ich es weitergebe?

Karottenbrot

Karottenbrot gehört bei uns zum Osterbrunch mit der ganzen Familie. Da freut sich nicht nur der Osterhase – die geriebenen Karotten machen das Brot schön saftig und bringen ein köstliches Aroma mit.

Zutaten für 1 Brot

Vorteig

300 g Roggenmehl (Type 1150)
1 gehäufter TL Grundansatz (Reformhaus)
1 gehäufter TL Backferment (Reformhaus)
250 ml warmes Wasser (etwa 30 °C)

Hauptteig

300 g Roggenvollkornschrot
200 g Weizenvollkornmehl
300 g Weizenmehl (Type 1050)
200 g Karotten, gerieben
4 TL Salz, in 125 ml warmem Wasser (45 °C) aufgelöst
1 TL Zucker
½ TL gemahlener weißer Pfeffer
2 EL Speiseöl

1 Für den Vorteig das Mehl in eine große Schüssel geben. Grundansatz und Backferment in etwas lauwarmem Wasser auflösen, dann mit dem restlichen Wasser über das Mehl gießen. Alles mit einem Handrührgerät gut vermengen. Die Schüssel mit Frischhaltefolie abdecken und den Vorteig über Nacht bei 26–30 °C gehen lassen.

2 Alle Mehlsorten, Karotten, Salzwasser sowie Zucker, Pfeffer und Öl hinzufügen. Alle Zutaten verrühren und zu einem festen Teig kneten.

3 Den Teig mit Frischhaltefolie und einem Küchentuch abgedeckt 1 Stunde an einem etwa 40 °C warmen Ort aufgehen lassen.

4 Den aufgegangenen und gelockerten Teig mit Mehl bestreuen und auf einer Arbeitsfläche kräftig mit den Händen durchkneten, bis der Teig nicht mehr klebt und geschmeidig ist.

5 Einen runden Laib daraus formen und auf ein mit Backpapier ausgelegtes Backblech setzen. Ich schneide die Ränder jetzt gern mit einem scharfen Messer leicht ein, so entsteht ein schönes Muster. Dann den Laib mit einem Küchentuch abdecken und an einem warmen Ort aufgehen lassen, bis sich sein Volumen verdoppelt hat.

6 Das Brot mit warmem Wasser bestreichen und mit einem Holzlöffelstiel in die Oberfläche kleine Vertiefungen drücken.

7 Den Backofen auf 250 °C vorheizen. Das Brot auf mittlerer Schiene 10 Minuten backen, dann die Temperatur auf 200 °C reduzieren und weitere 50 Minuten backen.

Mehrkornbrot

Meine Schwägerin Rita lässt für dieses gehaltvolle Brot über Nacht Haferkörner aus eigenem Anbau in Wasser ankeimen. Haferkörner bekommen Sie aber auch in der Bioabteilung Ihres Supermarktes oder im Bioladen.

Zutaten für 1 Brot

50 g Haferkörner
Wasser, zum Einweichen
400 g Roggenmehl (Type 1150)
150 g Sauerteig (siehe Seite 13)
500 ml lauwarmes Wasser
1 Würfel frische Hefe
1 TL Zucker
400 g Weizenvollkornmehl
100 g Sojaschrot
50 g Hirse
50 g Kürbiskerne
50 g Sonnenblumenkerne
1 TL Salz
2 EL gemischte Gewürze (gemahlener Koriander, Kümmel, Anis und Fenchel)
Butter oder Öl, zum Einfetten
Sesam, zum Bestreuen

1 Die Haferkörner in Wasser einweichen und über Nacht quellen lassen.

2 Roggenmehl und Sauerteig mit 250 ml Wasser in einer großen Schüssel verrühren. Die Hefe in dem restlichen Wasser mit dem Zucker auflösen und an einem warmen Ort einige Minuten gehen lassen.

3 Weizenmehl, Sojaschrot und Haferkörner samt Einweichwasser zum Roggenansatz geben. Alles gut vermengen, das Hefewasser dazugießen und mit dem Sauerteig verkneten. Ich verwende dabei den Knethaken eines elektrischen Handrührgeräts. Die Schüssel mit einem Küchentuch abdecken und den Teig an einem warmen Ort 1 Stunde gehen lassen.

4 Den Teig mit den Händen auf einer bemehlten Arbeitsfläche gut durchkneten. Dann Hirse, Kürbis- und Sonnenblumenkerne sowie Salz und Gewürze unterkneten. Eine Kastenform (35 cm lang) einfetten und mit Sesam ausstreuen (etwas Sesam zurückbehalten). Den Teig in die Form geben und abdecken, dann das Brot 2 Stunden gehen lassen.

5 Den Backofen auf 180 °C vorheizen. Den Brotlaib mit Sesam bestreuen und auf der untersten Schiene etwa 1 Stunde backen.

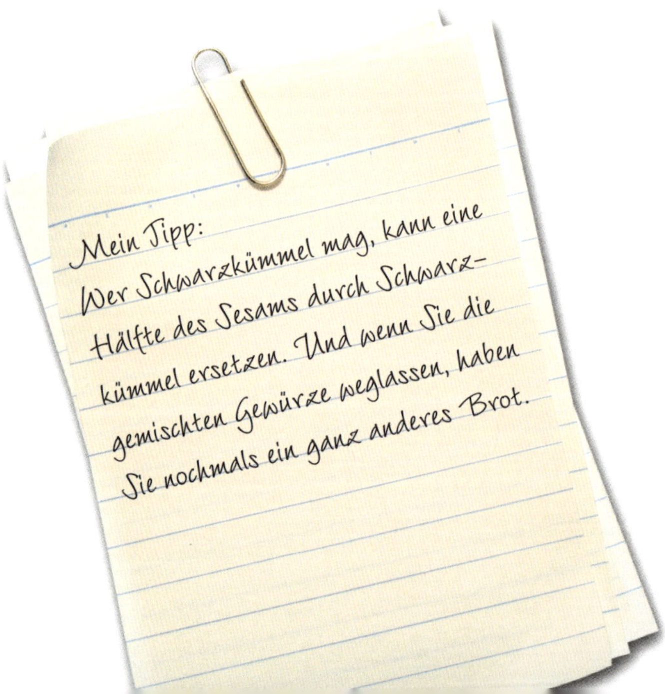

Grahambrot

Für dieses Brot hat meine Mutter ein traditionelles Rezept einer Freundin, die nach Amerika ausgewandert ist, an deutsche Verhältnisse angepasst. Das Grahammehl kauft sie im Reformhaus oder im Bioladen.

Zutaten für 1 Brot

Vorteig

50 g Sauerteig
500 ml lauwarmes Wasser
250 g Grahammehl

Hauptteig

450 g Weizenmehl (Type 550)
¾ Würfel frische Hefe
5 EL lauwarmes Wasser
1 TL Zucker
100 g Weizenschrot
3 TL Salz
3 EL Zuckerrübensirup

1 Den Sauerteig mit 250 ml lauwarmem Wasser und Grahammehl verrühren. Die Schüssel mit einer Frischhaltefolie und einem Küchentuch abdecken und den Vorteig über Nacht bei 26–30 °C gehen lassen.

2 Das Weizenmehl in eine große Schüssel geben und in die Mitte eine Mulde drücken. Die Hefe in die Mulde bröckeln und mit 5 Esslöffeln lauwarmem Wasser, Zucker und etwas Mehl zu einem Vorteig verrühren. Die Schüssel mit einem Küchentuch abdecken. Den Vorteig 20–30 Minuten gehen lassen.

3 Sauerteigmischung, restliches lauwarmes Wasser, Weizenschrot, Salz und Sirup zum Hefevorteig geben. Alle Zutaten zu einem Teig verrühren und 10–15 Minuten kräftig mit den Händen durchkneten. Die Schüssel mit einem Küchentuch abdecken. Den Teig an einem warmen Ort 2 Stunden gehen lassen.

4 Den Teig nochmals 10 Minuten mit den Händen kneten. Einen länglichen Laib daraus formen und diesen an der Oberfläche mehrfach schräg einschneiden. Das Brot auf ein mit Backpapier ausgelegtes, leicht bemehltes Backblech legen. Mit einem großen Küchentuch abdecken und nochmals 2 Stunden an einem warmen Ort gehen lassen.

5 Den Backofen auf 225 °C vorheizen. Eine hitzebeständige Schale mit kochendem Wasser in den Backofen stellen. Den Brotlaib mit lauwarmem Wasser bestreichen. Auf mittlerer Schiene 60–70 Minuten backen. Das Brot 10 Minuten vor Ende der Backzeit nochmals mit lauwarmem Wasser bestreichen.

Kümmel-Bier-Brot

Dieses Brot enthält nicht nur Bier – es schmeckt auch besonders gut zu einem frischen, kühlen Weißbier, vor allem an einem lauen Sommerabend in unserem Garten, wie nicht nur die Männer in unserer Familie finden.

Zutaten für 1 Brot

Vorteig

1 TL Backferment (Reformhaus)
1 gehäuften TL Grundansatz (Reformhaus)
300 ml warmes Wasser
300 g Roggenmehl (Type 997)

Hauptteig

200 g Roggenmehl (Type 997)
500 g Weizenmehl (Type 1050)
3 EL Kümmel
3½ TL Salz
1½ EL Zuckerrübensirup
350 ml Hefeweißbier
Butter, zum Einfetten

1 In einer großen Schüssel das Backferment und den Grundansatz im warmen Wasser auflösen. Das Roggenmehl unterrühren. Die Schüssel mit Frischhaltefolie abdecken und den Vorteig mindestens 12 Stunden bei 26–30 °C gehen lassen.

2 Roggenmehl, Weizenmehl, Kümmel, Salz und Sirup zum Vorteig geben. Alle Zutaten gut vermengen, dabei 300 ml Hefeweißbier dazugießen und alles verkneten. Hier können Sie den Knethaken eines Handrührgeräts einsetzen.

3 Anschließend den Teig mit den Händen auf einer bemehlten Arbeitsfläche etwa 10 Minuten kneten, bis der Teig glatt und geschmeidig ist. Eventuell noch etwas Weizenmehl dazugeben.

4 Den Teig in eine Schüssel geben, diese mit Frischhaltefolie und einem Küchentuch abdecken und den Teig etwa 2 Stunden an einem 40 °C warmen Ort gehen lassen.

5 Den Teig erneut auf einer bemehlten Arbeitsfläche kräftig durchkneten und in eine gefettete Rehrücken- oder Kastenform (35 cm lang) geben. Mit einem scharfen Messer die Oberfläche in der Mitte längs einschneiden und mit etwas Bier bestreichen. Den Brotlaib mit einem Küchentuch abdecken und an einem warmen Ort 1 Stunde gehen lassen.

6 Den Backofen auf höchster Stufe vorheizen. Ein tiefes Blech auf die unterste Schiene schieben und mit 400 ml kochendem Wasser füllen. Die Temperatur auf 240 °C reduzieren. Das Brot wieder mit etwas Bier bestreichen und 25 Minuten backen. Dann das Brot erneut mit Bier bestreichen, die Temperatur auf 170 °C herunterschalten und das Brot weitere 45 Minuten backen.

Gewürzsauerteigbrot

Dieses Brot ist bei uns seit jeher Männersache: Onkel Martin backt es immer, wenn ein Familienfest im Kalender steht, und alle, die ein kräftig gewürztes Brot zu schätzen wissen, freuen sich schon wochenlang darauf.

Zutaten für 1 Brot

1 EL Naturjoghurt
550 ml lauwarmes Wasser
400 g Roggenmehl (Type 997)
300 g Dinkelmehl (Type 1050)
300 g Weizenmehl (Type 1050)
3½ TL Salz
1 EL gemischte Gewürze (gemahlener Koriander, Kümmel, Anis und Fenchel)
Butter oder Öl, zum Einfetten
je ½ TL Koriander-, Kümmel-, Anis- und Fenchelsamen, zum Bestreuen

Auf den folgenden Seiten zeige ich Ihnen, wie Sie den Sauerteig zubereiten.

1 Joghurt, 100 ml Wasser und 50 g Roggenmehl in einem Schraubglas verrühren. Das Glas verschließen und den Ansatz bis zu 72 Stunden an einem 28 °C warmen Ort gären lassen. Den Ansatz von Zeit zu Zeit vorsichtig umrühren.

2 Wenn der Teig deutlich gärt und säuerlich riecht, nochmals 100 ml Wasser und 50 g Roggenmehl unterrühren. Das Glas verschließen und den Ansatz an einem warmen Ort etwa 1 Tag (maximal 24 Stunden) gären lassen. Sobald vermehrt Blasen aufsteigen und der Ansatz sauer riecht, kann er weiterarbeitet werden.

3 Jeweils 150 g Roggen-, Dinkel- und Weizenmehl mischen. Den Sauerteigansatz und 300 ml lauwarmes Wasser mit einem Handrührgerät einarbeiten und alles etwa 2 Minuten kneten.

4 Die Schüssel mit Frischhaltefolie und einem Küchentuch abdecken. Den Teig an einem 28 °C warmen Ort 8–12 Stunden gehen lassen. Hat sich das Volumen vergrößert, kann der Teig weiterverarbeitet werden.

5 Jeweils 150 g Roggen-, Dinkel- und Weizenmehl, Salz und Gewürze in einer Schüssel mischen. Den aufgegangenen Teig und 50 ml Wasser mit den Knethaken eines Handrührgeräts einarbeiten. Dann den Teig mit den Händen auf einer bemehlten Arbeitsfläche kräftig durchkneten.

6 Den Teig zu einem Laib formen, in eine gefettete Kastenform (30 cm lang) geben, die Oberfläche einmal der Länge nach einschneiden. Das Brot mit warmem Wasser bestreichen, mit den Gewürzen bestreuen und diese leicht festdrücken. Die Form mit einem Küchentuch abdecken und das Brot an einem warmen Ort etwa 3 Stunden gehen lassen.

7 Den Backofen auf höchster Stufe vorheizen. Ein Blech in den Ofen schieben und mit 350 ml kochendem Wasser füllen. Die Temperatur auf 240 °C reduzieren. Das Brot auf mittlerer Schiene 15 Minuten backen, die Temperatur auf 200 °C reduzieren und das Brot noch 50 Minuten backen. Kurz vor Ende der Backzeit mit warmem Wasser besprühen.

Während der ersten 24 Stunden wird der Ansatz mehrfach umgerührt, wenn sich Bläschen an der Oberfläche bilden.

Nach 24 Stunden wird dem Ansatz Mehl und Wasser zugefügt. Dann muss er nochmals 24 Stunden gären.

Sobald der Sauerteigansatz ausreichend gegärt hat, wird er mit lauwarmem Wasser und Mehl verknetet.

Um ein Austrocknen des Teiges zu verhindern, wird die Schüssel beim Gehen mit Frischhaltefolie abgedeckt.

Der geformte Brotlaib wird mit warmem Wasser bestrichen, damit die Gewürze auf dem Teig besser haften.

Ein tiefes Backblech mit heißen Wasser sorgt während dem Backen für Dampf. So wird das Brot schön saftig.

Polnische Brotsuppe

Dieses Rezept hat meine Großmutter aus ihrer alten Heimat mitgebracht. Ich finde, mit Resten vom Gewürzsauerteigbrot schmeckt die Suppe besonders gut, weil die Brotgewürze ihr eine besondere Note geben.

Zutaten für 4 Portionen
6–8 Scheiben altbackenes, dunkles Brot
Butterschmalz, zum Anrösten
100 g Räucherspeck
2–3 Zwiebeln
1,2 l klare Brühe
Salz, Pfeffer, Paprika rosenscharf und edelsüß

1 Die Brotscheiben in kleine Würfel schneiden und diese in heißem Butterschmalz anrösten. Aus dem Topf nehmen und beiseitestellen.

2 Den Räucherspeck würfeln und im Suppentopf in heißem Butterschmalz ausbraten. Die Zwiebeln würfeln, in den Topf geben und anbraten, bis sie glasig sind.

3 Speck- und Zwiebelwürfel mit der Brühe aufgießen.

4 Die gerösteten Brotwürfel zur Brühe geben und die Suppe bei niedriger Temperatur etwa 15 Minuten ziehen lassen. Mit Salz, Pfeffer und Paprika nach Belieben abschmecken.

Brötchen und Kleingebäck

Jetzt kommt Vielfalt auf den Tisch! Überraschen Sie Ihre Familie mit Wasserwecken, Quark- oder Mohnbrötchen zum Frühstück! Kümmelstangen, Laugenbrezeln oder Zwiebelbrötchen zu rustikalen Wurst- und Käsespezialitäten schmecken auf der eigenen Terrasse wie im Biergarten. Da wird die Brotzeit zur köstlichen Brötchen-Zeit.

Berliner Schusterjungen

Alle, denen weiße Brötchen ein bisschen zu langweilig sind, werden sich für diese Roggenbrötchen mit ihrem charakteristischen Kümmelgeschmack begeistern. Sie schmecken zu gut zu rohem oder gekochtem Schinken, aber auch zu Käse.

Zutaten für 16 Brötchen

500 g Roggenmehl (Type 815)
1½ Päckchen Backpulver
1 TL Salz
1 TL Kümmel
375 ml helles Bier
1 TL grobes Salz
2 TL Kümmel, zum Bestreuen

1 Das Mehl mit Backpulver, Salz und Kümmel in eine Schüssel geben und alles gründlich mischen. Das Bier unterrühren, bis ein fester, glatter Teig entsteht.

2 Den Teig in 16 Portionen teilen und daraus runde Brötchen formen. Die Brötchen in Mehl wenden und im Abstand von 5 cm auf ein mit Backpapier ausgelegtes Backblech setzen. Kreuzweise einschneiden und mit grobem Salz und Kümmel bestreuen.

3 Das Blech in den kalten Backofen schieben. Eine hitzebeständige Schale mit kochendem Wasser in den Ofen stellen. Dann den Backofen auf 200 °C heizen und die Brötchen 30 Minuten backen.

Röggelchen

Aus eins mach zwei: Ein Röggelchen besteht aus zwei Brötchen, die miteinander verbunden sind. In Köln wird eine Hälfte mit Goudakäse, Zwiebeln und etwas Paprikapulver traditionell als „halve Hahn" serviert.

Zutaten für 16 Röggelchen
900 g Roggenmehl (Type 1150)
100 g Weizenmehl (Type 1050)
2 TL Salz
1 Würfel frische Hefe
1 TL Zucker
500 ml lauwarmes Wasser
2 EL Butter

1 Beide Mehlsorten und Salz in einer großen Schüssel verrühren und in die Mitte eine Mulde drücken. Die Hefe in die Mulde bröckeln und mit Zucker, etwas Wasser und etwas Mehl zu einem Vorteig verrühren. Die Schüssel mit einem Küchentuch abdecken und den Vorteig 20 Minuten gehen lassen.

2 Restliches Wasser und Butter mit dem Vorteig zu einem glatten Teig verrühren und diesen mit den Händen kräftig durchkneten. Falls der Teig zu fest ist, können Sie noch etwas Wasser hinzufügen. Den Teig abdecken und 30 Minuten an einem warmen Ort gehen lassen.

3 Den Teig kurz durchkneten und in 32 Portionen teilen. Diese zu länglichen Brötchen formen und auf ein mit Backpapier ausgelegtes Backblech setzen, wobei immer 2 Brötchen aneinandergedrückt werden. Die Röggelchen mit Wasser bestreichen und an einem warmen Ort gehen lassen, bis sich ihr Volumen verdoppelt hat.

4 Den Backofen auf 250 °C vorheizen. Die Röggelchen 20 Minuten auf mittlerer Schiene backen.

Von meiner Urgroßmutter Bertha habe ich noch die Postkarte, auf der ihre Freundin von Röggelchen und den „kölsche Jungs" schwärmte!

Zwiebelbrötchen

Ein Hit auf jeder Party: Ob auf dem kalten Büfett oder zur mitternächtlichen Gulaschsuppe – die pikanten Zwiebelbrötchen gehören bei uns einfach dazu. Am besten verdoppeln Sie von vornherein alle Zutaten.

Zutaten für 10 Brötchen

500 g Weizenmehl (Type 405)
1 Würfel frische Hefe
1 TL Zucker
125 ml lauwarme Milch
3 Zwiebeln
3 EL Öl
frisch gemahlener weißer Pfeffer
2 TL Salz
125 ml lauwarmes Wasser
Butter, zum Einfetten

1 Das Mehl in eine Schüssel geben und in die Mitte eine Mulde drücken. Die Hefe in die Mulde bröckeln und mit Zucker, etwas lauwarmer Milch und etwas Mehl zu einem Vorteig verrühren. Die Schüssel mit einem Küchentuch abdecken und den Vorteig 20 Minuten gehen lassen.

2 Inzwischen die Zwiebeln fein hacken. Das Öl in einer Pfanne erhitzen und die Zwiebeln darin glasig dünsten. Mit Pfeffer und einem ½ Teelöffel Salz würzen. Etwas abkühlen lassen.

3 Restliche Milch, Wasser, Zwiebeln und restliches Salz zum Vorteig geben. Alle Zutaten zu einem glatten Teig verarbeiten und kräftig mit den Händen durchkneten.

4 Den Teig in 10 Portionen aufteilen und ovale Brötchen von 4 cm Länge formen. Diese auf ein gefettetes Backblech setzen. Die Brötchen mit einem Küchentuch abdecken und 15–20 Minuten gehen lassen.

5 Den Backofen auf 200 °C vorheizen. Die Brötchen an der Oberfläche mit einem scharfen Messer der Länge nach einschneiden. Auf mittlerer Schiene 30–35 Minuten backen. 5 Minuten vor Ende der Backzeit alle Brötchen mit heißem Wasser bestreichen.

Kümmelstangen

Dieses Rezept habe ich vor mehr als 25 Jahren von einer Kollegin bekommen und ernte damit seither viele Komplimente. Für alle, die keinen Kümmel mögen, bestreue ich einen Teil der Stangen mit geriebenem Parmesan.

Zutaten für 10 Kümmelstangen

125 g Weizenmehl (Type 405)
125 g Butter, in Flöckchen
125 g Quark
Salz
1 Eigelb
Kümmel
grobes Salz

1 Das Mehl in eine Schüssel geben, die Butter mit den Fingern einkneten, sodass ein krümeliger Teig entsteht. Quark und Salz hinzugeben und alle Zutaten zu einem glatten Teig verkneten. Diesen kalt stellen.

2 Den Teig zu einem Viereck ausrollen, dieses einmal längs und einmal quer falten. Dann wieder kalt stellen. Den Vorgang dreimal wiederholen.

3 Den Backofen auf 150 °C vorheizen. Den kalt gestellten Teig ½ cm dick ausrollen und in 1 cm breite und 10 cm lange Streifen schneiden. Die Stangen auf ein mit Backpapier ausgelegtes Backblech setzen, mit Eigelb bestreichen sowie mit Kümmel und grobem Salz bestreuen. Auf mittlerer Schiene 10–15 Minuten backen, bis die Stangen hellbraun sind.

Mein Kräuterquark

Auf Partys serviere ich die Kümmelstangen mit einem Kräuterquark, der leicht zuzubereiten ist. Dazu verrühre ich 250 g Magerquark, 250 g Schafsmilchjoghurt, 6 Esslöffel Milch und 1 Teelöffel Zitronensaft zu einer cremigen Masse. Dann gebe ich je ½ Bund fein gehackte Petersilie und Dill hinzu und püriere die Quarkmischung. Zum Schluss schmecke ich alles mit Salz, Pfeffer und Muskat ab, füge noch fein gehackte Cornichons und Schnittlauchröllchen zu und garniere den Quark mit geviertelten Radieschen.

Wasserwecken

Diese leichten, luftigen Brötchen habe ich während meiner Ausbildungszeit in Ulm kennen- und schätzen gelernt. Jetzt freut sich meine Familie, wenn ich ab und zu in Erinnerungen schwelge und Wasserwecken backe.

Zutaten für 10 Brötchen

250 g Weizenmehl (Type 405)
250 g Weizenmehl (Type 1050)
1 Päckchen Trockenhefe
etwa 250 ml Wasser
3 EL Speiseöl
1 TL Salz
1 EL Salz, in ½ Tasse Wasser aufgelöst

1 Beide Mehlsorten mit der Hefe in einer Schüssel mischen.

2 Das Wasser mit Öl und Salz leicht erhitzen, die Mischung sollte nur lauwarm sein. Dann nach und nach zum Mehl gießen, alles zu einem glatten Teig verrühren und 8–10 Minuten kräftig mit den Händen durchkneten.

3 Den Teig in 10 Portionen teilen und diese zu ovalen Brötchen formen. Auf ein gefettetes, bemehltes Backblech legen und abgedeckt 1–1½ Stunden gehen lassen.

4 Den Backofen auf 200 °C vorheizen. In jedes Brötchen längs eine breite Kerbe schneiden, mit Salzwasser bepinseln und etwa 30 Minuten backen, bis die Brötchen knusprig sind.

Meine Brombeerkonfitüre

Wenn ich die Brötchen für Gäste backe, dann bereite ich einige Tage vorher immer eine einfache Brombeerkonfitüre zu. Dafür streiche ich 750 g Brombeeren durch ein feines Sieb. Dazu gebe ich 4 Esslöffel Zitronensaft und lasse nach und nach 750 g Gelierzucker einrieseln. Dann muss die Mischung 20 bis 30 Minuten gerührt werden, bis sich der Zucker aufgelöst hat und das Püree geliert. Die Konfitüre fülle ich in saubere Gläser und lasse sie mit einem Tuch bedeckt 2 bis 3 Tage an einem luftigen Ort stehen, bevor ich sie verschließe und kühl aufbewahre.

Semmeln.

Quarkbrötchen

Das sind unsere Muttertagsbrötchen. Einmal im Jahr stehen unsere Kinder eine Stunde früher auf und backen Quarkbrötchen fürs Familienfrühstück. Dafür, dass Quark im Kühlschrank ist, muss natürlich ich selbst sorgen.

Zutaten für 8 Brötchen

125 g Quark
4 EL Sonnenblumenöl
4 EL Milch
1 Ei
½ TL Salz
250 g Weizenmehl (Type 405)
1 Päckchen Backpulver
Butter, zum Einfetten

1 Quark, Sonnenblumenöl, Milch, Ei und Salz in eine Schüssel geben und zu einem glatten Teig rühren, am besten mit dem Schneebesen eines elektrischen Handrührgeräts.

2 Mehl und Backpulver mischen. Nach und nach unter den Teig rühren. Wenn sich der Teig nicht mehr rühren lässt, restliche Mehl-Backpulver-Mischung mit den Händen unterkneten.

3 Aus dem Teig mit leicht bemehlten Händen Kugeln von 4 cm Durchmesser formen. Diese auf ein gefettetes Backblech legen.

4 Den Backofen auf 220 °C vorheizen. Die Quarkbrötchen auf der mittleren Schiene 20–25 Minuten backen.

Mein Tipp:
Wenn Sie Ihrer Familie Quarkbrötchen zum Frühstück backen, dann tun Sie etwas für die gesunde Ernährung Ihrer Lieben, weil das Quarkeiweiß sehr hochwertig ist. Quarkbrötchen schmecken am besten frisch aus dem Ofen. Wenn sie erst am nächsten Tag gegessen werden, kommt der Backpulvergeschmack etwas durch.

Laugenbrezeln

Es soll Menschen geben, die auf süddeutschen Bahnhöfen in die nächste Bäckerei stürmen, um eine frische Brezel zu kaufen. Nicht mehr nötig: Nach diesem Rezept gelingen Ihnen die Brezeln auch knapp hinterm Deich.

Zutaten für 10 Brezeln

250 g Weizenmehl (Type 550)
250 g Weizenmehl (Type 405)
¾ Würfel frische Hefe
1 TL Zucker
250 ml Milch
1 TL Salz
50 g Aetznatron (Apotheke) in 1 l Wasser aufgelöst
grobes Salz, zum Bestreuen

1 Beide Mehlsorten in eine Schüssel geben und in die Mitte eine Mulde drücken. Die Hefe in die Mulde bröckeln und mit Zucker, etwas lauwarmer Milch und etwas Mehl zu einem Vorteig verrühren. Die Schüssel mit einem Küchentuch abdecken und den Vorteig an einem warmen Ort 20–30 Minuten gehen lassen.

2 Restliche Milch und Salz zum Vorteig geben. Alle Zutaten zu einem glatten Teig verarbeiten. Der Teig sollte ziemlich fest sein.

3 Den Teig in 10 Portionen teilen und aus jeder Portion etwa bleistiftdicke Stränge von 30 cm Länge mit sich verjüngenden Enden rollen. Daraus Brezeln formen. Die Brezeln auf ein bemehltes Backblech legen, mit einem großen Küchentuch abdecken und 10–15 Minuten an einem warmen Ort gehen lassen.

4 Den Backofen auf 220 °C vorheizen. Die Natronlauge vorsichtig in eine Keramik-, Glas- oder Metallschüssel gießen. Achten Sie beim Umgang mit der Lauge auf große Sorgfalt. Die Lauge sollte auch in verdünnter Form nicht mit Augen, Haut oder Kleidung in Berührung kommen. Am besten ziehen Sie Gummihandschuhe an. Nun die Brezeln mit einem Schaumlöffel nacheinander in die Lauge eintauchen und abtropfen lassen.

5 Die noch nassen Brezeln auf ein bemehltes Backblech legen. Mit grobem Salz bestreuen. Auf mittlerer Schiene 15–20 Minuten backen.

Auf der folgenden Seite zeige ich Ihnen, wie Sie die Brezeln formen.

Die einzelnen Teigrollen so rollen, dass die Enden auf beiden Seiten spitz zulaufen.

Aus den Teigrollen Brezeln formen, dabei zunächst ein Ende zu einer Schlaufe legen und leicht andrücken.

Das zweite Hälfte über Kreuz über die erste Schlaufe legen und leicht andrücken.

Die Brezeln auf ein bemehltes Blech legen, mit einem Küchentuch abdecken und 10–15 Minuten gehen lassen.

Die Brezeln vorsichtig mit einem Schaumlöffel in die Lauge tauchen, herausnehmen und über der Schüssel abtropfen lassen.

Die noch nassen Brezeln unmittelbar vor dem Backen mit grobem Salz bestreuen.

Wie es zur Laugenbrezel kam ...

Um die Entstehung der Brezel – auch Bretzel, Breze oder bei uns im Augsburger Raum „Bretzg" – ranken sich allerlei Sagen. So heißt es, dass Frieder, ein Uracher Bäcker, bei Graf Eberhard im Barte in Ungnade gefallen und zum Tode verurteilt worden sei. Gnade wollte der Graf nur walten lassen, wenn Frieder ihm ein Gebäck bringen würde, „durch das dreimal die Sonne scheint". Angeblich brachten den verzweifelten Bäcker die verschränkten Arme seiner Frau auf die Idee, einen Teigstrang zur Brezelform mit drei Öffnungen zu schlingen und so sein Leben zu retten.

Eine andere Geschichte besagt, dass der Bäcker Anton Nepomuk Pfannenbrenner im 19. Jahrhundert in München seine Brezeln, die eigentlich hätten süß sein sollen, versehentlich statt mit Zuckerwasser mit der Natronlauge bestrichen habe, mit der er seine Backbleche zu reinigen pflegte. Das Missgeschick stellte sich als fantastische neue Erfindung heraus, die sich bis heute erhalten hat.

Der Name „Brezel" geht vermutlich auf das lateinische Wort „brachium" (Arm) zurück und bezieht sich somit auf die Form, die an verschränkte Arme vor der Brust erinnert.

Schwäbische Seelen

Im württembergischen Schwaben haben die länglichen Seelen Tradition. Sie werden dort gern mit Schinken und Käse belegt angeboten. Seit einigen Jahren finden sie in ganz Süddeutschland immer mehr Freunde.

Zutaten für 8 Seelen

500 g Dinkelmehl (Type 630)
500 g Weizenmehl (Type 550)
1 Würfel frische Hefe
1 TL Zucker
550 ml Wasser
1 TL Salz
Kümmel und grobes Salz, zum Bestreuen

1 Beide Mehlsorten in einer großen Schüssel vermischen und in die Mitte eine Mulde drücken. Die Hefe in die Mulde bröckeln und mit Zucker, etwas Wasser und etwas Mehl zu einem Vorteig verrühren. Die Schüssel mit einem Küchentuch abdecken und den Vorteig 20 Minuten gehen lassen.

2 Das restliche Wasser und Salz zum Vorteig geben. Alles zu einem glatten Teig verarbeiten. Den Teig 10 Minuten mit den Händen durchkneten. Dann mit einem Küchentuch abdecken und 1 Stunde an einem warmen Ort gehen lassen.

3 Den Teig erneut kurz durchkneten und in 8 Portionen teilen. Die Portionen nochmals durchkneten und dabei eine lange Rolle formen. Die Rollen an beiden Enden fassen und etwas dehnen, bis sie etwa 30 cm lang sind. Diese auf ein mit Backpapier ausgelegtes Backblech setzen. Nochmals abgedeckt an einem warmen Ort etwa 30 Minuten gehen lassen.

4 Den Backofen auf 220 °C vorheizen und eine hitzebeständige Schale mit Wasser in den Backofen stellen. Die Seelen mit Wasser bestreichen und mit Kümmel und Salz bestreuen. Auf mittlerer Schiene im Backofen 35 Minuten backen.

Vintschgauer

Wer ein herzhaftes Brot mit kräftiger Kruste liebt, wird für die Südtiroler Vintschgauer oder „Vintschgerl" schwärmen: Die flachen Fladen bestehen zum größten Teil aus Kruste und schmecken auch nördlich der Alpen.

Zutaten für 8 Vintschgauer

300 g Roggenvollkornmehl
300 g Weizenvollkornmehl
je 1½ TL gemahlener Kümmel, Fenchel und Koriander
2½ TL Salz
½ Würfel frische Hefe
400 ml lauwarmes Wasser
75 g Sauerteig (siehe Seite 13)
50 ml heißes Wasser

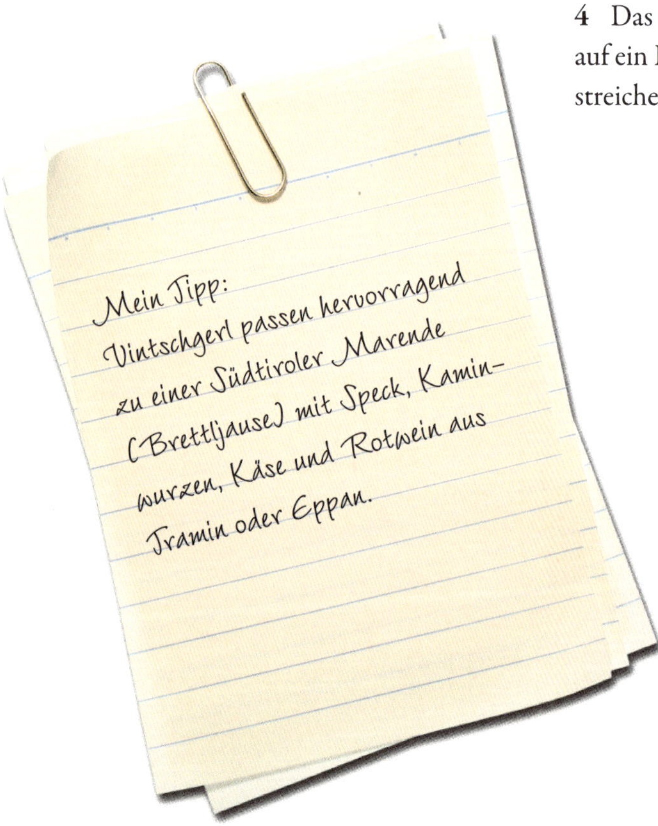

1 Beide Mehlsorten, Gewürze und 1½ Teelöffel Salz in einer Schüssel vermischen. Die Hefe zerbröckeln und in 400 ml lauwarmem Wasser auflösen. Das Hefewasser und den Sauerteig zur Mehlmischung geben. Alles verkneten und abgedeckt an einem warmen Ort 1 Stunde gehen lassen.

2 Den Teig mit den Knethaken des Handrührgeräts 10 Minuten kräftig kneten. Auf der bemehlten Arbeitsfläche in 8 Stücke teilen und zu runden Fladen formen. Zwei Backbleche mit Mehl bestreuen. Die Fladen darauflegen und mit der Gabel mehrmals einstechen. Mit einem Küchentuch abdecken und 30 Minuten an einem warmen Ort gehen lassen.

3 Den Backofen auf 220 °C vorheizen. Die Fladen 15 Minuten backen, dann die Temperatur auf 180 °C reduzieren und die Vintschgauer weitere 20 Minuten backen.

4 Das restliche Salz in dem heißen Wasser auflösen. Die Vintschgauer auf ein Küchengitter setzen und noch heiß mit dem Salzwasser bestreichen. Mit einem Küchentuch abdecken und auskühlen lassen.

Mohnbrötchen

Wenn sich jemand beim Teilen eines Mohnbrötchens für die untere Hälfte entscheidet, muss Liebe im Spiel sein. Belohnen Sie den Verzicht mit einem extra Löffel von Ihrem feinsten, selbst gemachten Johannisbeergelee.

Zutaten für 12 Brötchen

500 g Weizenmehl (Type 1050)
1 Würfel frische Hefe
1 TL Zucker
250 ml lauwarme Milch
50 g Mohn
100 g Butter, in Flöckchen
1 TL Salz
zerlassene Butter, zum Bestreichen
Mohn, zum Bestreuen

1 Das Mehl in eine Schüssel geben und in die Mitte eine Mulde drücken. Die Hefe in die Mulde bröckeln und mit Zucker, etwas lauwarmer Milch und etwas Mehl zu einem Vorteig verrühren. Die Schüssel mit einem Küchentuch abdecken und den Vorteig 20 Minuten gehen lassen.

2 Den Mohn im Mörser zerstoßen. Mohn, restliche Milch, Butter und Salz zum Vorteig geben. Alle Zutaten zu einem glatten Teig verarbeiten und gut durchkneten.

3 Aus dem Teig 12 Kugeln von 5 cm Durchmesser formen. Die Teigkugeln in Abständen von 5 cm auf ein mit Backpapier ausgelegtes Backblech setzen, mit einem großen Küchentuch abdecken und 20 Minuten an einem warmen Ort gehen lassen.

4 Den Backofen auf 200 °C vorheizen. Eine hitzebeständige Schale mit kochendem Wasser in den Backofen stellen. Die Mohnbrötchen kreuzförmig einschneiden. Auf mittlerer Schiene 25–30 Minuten backen.

5 Fünf Minuten vor Ende der Backzeit die Brötchen mit der zerlassenen Butter bestreichen und mit Mohn bestreuen.

Mein Tipp:
Der zerstoßene Mohn im Teig unterscheidet diese Mohnbrötchen von vielen anderen. Frische Butter ist dazu eine ideale Ergänzung; sie bringt das feine Mohnaroma so richtig zur Geltung.

Süße Brote und Brötchen

So manches Gebäck hat bei uns seit Jahrzehnten Tradition. Der Sonntagsstuten beispielsweise kommt immer auf den Tisch, wenn ein Familienmitglied Geburtstag hat, der Zopf mit Rosinen und Mandeln gehört zu Ostern wie Hase und Eier, und im Advent versüßen uns saftiges Früchte- und Birnbrot die Wartezeit bis Weihnachten. Andere Leckereien wie Rosinenbrötchen oder Butterhörnchen sind hingegen das ganze Jahr über bei den Süßschnäbeln der Familie beliebt.

Sonntagsstuten

„Stuten" nennt man im Westen Deutschlands verschiedene Gebäcke aus süßem Hefeteig. Der Sonntagsstuten, wie ihn meine Schwester im Rheinland backt, wird durch Rosinen und gehackte Mandeln oder Nüsse verfeinert.

Zutaten für 1 Stuten

¾ Würfel frische Hefe
250 ml lauwarme Milch
1 EL klarer Honig
500 g Weizenmehl (Type 405)
¼ TL Salz
20 g Butter
125 g Quark (20 %)
100 g Rosinen
gehackte Mandeln
oder Nüsse (nach Belieben)
Butter, zum Einfetten
2 EL Butter, zum Bestreichen
2 TL klarer Honig,
zum Bestreichen

1 Die Hefe in die lauwarme Milch bröckeln und zusammen mit dem Honig verrühren. Die Hefemilch abgedeckt 30 Minuten gehen lassen.

2 Mehl, Salz, Butter und Quark in eine Schüssel geben. Die Hefemilch zufügen und alles gründlich verkneten. Achten Sie darauf, dass der Quark Raumtemperatur hat, sonst werden die Hefepilze zerstört. Den Teig 30 Minuten gehen lassen.

3 Den Teig durchkneten und dabei Rosinen sowie nach Belieben Mandeln oder Nüsse einkneten. Dann den Teig zu einer Rolle formen und in eine gefettete Kastenform (30 cm lang) geben.

4 Den Backofen auf 200 °C vorheizen und den Stuten auf der zweituntersten Schiene 50–60 Minuten backen.

5 Den Stuten aus der Form nehmen. Butter und Honig erwärmen. Das noch warme Brot damit bestreichen und auskühlen lassen.

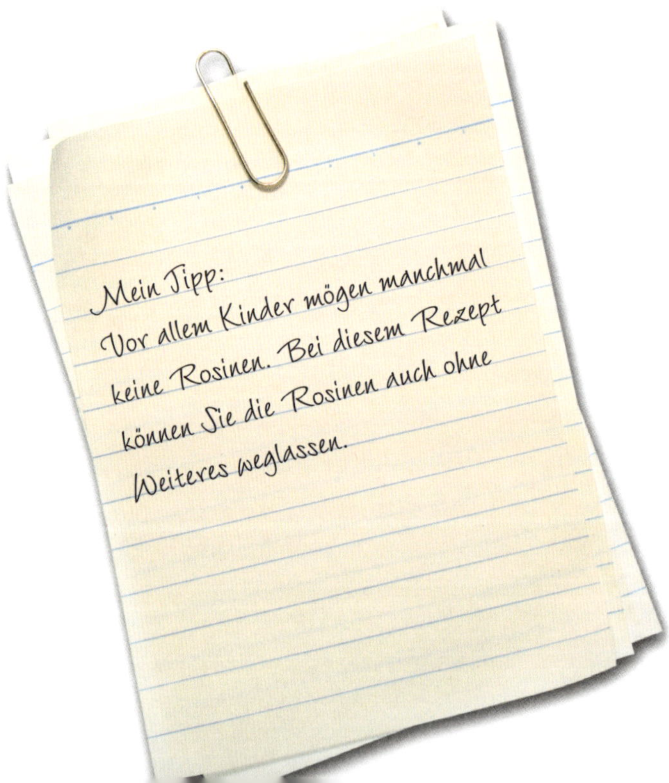

Saftiges Früchtebrot

Für alle Familienmitglieder, denen die üblichen Plätzchen zu süß und zu trocken sind, backe ich jedes Jahr in der Adventszeit dieses Früchtebrot. Wir essen es gern mit Butter bestrichen – auch zum Frühstück.

Zutaten für 1 Brot

250 g getrocknete Birnen
250 g Backpflaumen
je 100 g getrocknete Feigen und Aprikosen
150 g Rosinen
50 g Zitronat, klein gewürfelt
150 g Haselnusskerne
250 ml Weißwein
100 ml Calvados
50 g klarer Honig
500 g Weizenvollkornmehl
40 g brauner Zucker
350 ml Milch
½ Würfel frische Hefe
3 Eier
50 g weiche Butter
1 EL Zimt
2 TL Lebkuchengewürz
Butter, zum Einfetten

1 Birnen, Pflaumen, Feigen und Aprikosen in kleine Stücke schneiden und mit Rosinen, Zitronat und Haselnüssen vermischen.

2 Wein, Calvados und Honig in einen kleinen Topf geben und aufkochen. Die heiße Flüssigkeit über die Frucht-Nuss-Mischung gießen und abgedeckt 12 Stunden oder über Nacht durchziehen lassen.

3 Mehl und Zucker in eine große Schüssel geben. Die Milch lauwarm erhitzen, die Hefe zerbröckeln und darin auflösen. Die Hefemilch zur Mehlmischung geben. Alles mit den Knethaken eines elektrischen Handrührgeräts zu einem klebrigen Teig verarbeiten. Abgedeckt an einem warmen Ort 30 Minuten gehen lassen.

4 Eier, Butter, Zimt und Lebkuchengewürz unter den Teig kneten. Mit Mehl bestreuen und abgedeckt weitere 30 Minuten gehen lassen. Danach die Früchte unter den Teig kneten.

5 Eine Savarin- oder Kastenform einfetten. Den Teig mit leicht bemehlten Händen zu einer Rolle formen, in die Form legen und abgedeckt 20 Minuten gehen lassen.

6 Den Backofen auf 200 °C vorheizen. Das Früchtebrot auf der zweituntersten Schiene 50–60 Minuten backen. Herausnehmen, kurz in der Form lassen, dann auf ein Kuchengitter stürzen und auskühlen lassen.

Apfelbrot

Das saftige Apfelbrot gibt's bei meiner Freundin Clara in der Vorweihnachtszeit zum nachmittäglichen Tee oder Kaffee. Ich liebe es pur, aber auch mit Butter oder Crème double schmeckt es köstlich.

Zutaten für 2 Brote

200 g Rosinen
750 g säuerliche Äpfel
120 g brauner Zucker
200 g Walnusskerne
1 EL Obstbrand
1 Prise Zimt
1 TL abgeriebene Zitronenschale
500 g Weizenmehl (Type 1050)
1 EL Kakaopulver
1 Päckchen Backpulver

1 Die Rosinen mit kochendem Wasser übergießen und 15 Minuten stehen lassen. Die Äpfel waschen, schälen, vierteln, von den Kerngehäusen befreien und grob raspeln. Die Rosinen abgießen. Rosinen, Äpfel, Zucker, Walnüsse, Obstbrand, Zimt und abgeriebene Zitronenschale in einer Schüssel verrühren. Die Schüssel mit einem Deckel oder Frischhaltefolie abdecken und die Zutaten über Nacht im Kühlschrank durchziehen lassen.

2 Den Backofen auf 200 °C vorheizen, ein Backblech mit Backpapier auslegen. Eine hitzebeständige Schale mit kochend heißem Wasser in den Ofen stellen.

3 Das Mehl mit Kakao- und Backpulver sieben und unter die Apfelmasse mischen. Alle Zutaten verkneten und zu zwei runden Laiben formen. Die Apfelbrote auf das Blech legen und 50–60 Minuten backen. Zwischendurch ab und zu mit Wasser bestreichen.

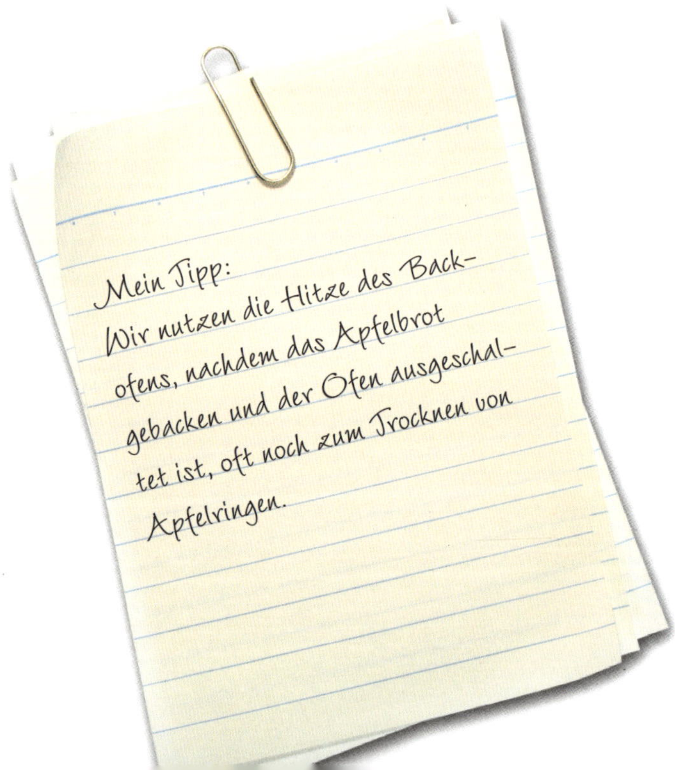

BREAD

Schweizer Birnbrot

Das echte Schweizer Birnbrot wird mit einer zusätzlichen Teighülle umgeben. Ich lasse bei meiner einfacheren Version die äußere Teighülle weg, das Ergebnis schmeckt aber trotzdem wunderbar.

Zutaten für 2 Brote

Füllung

150 g Haselnusskerne
350 g getrocknete Birnen
100 g getrocknete Feigen
100 g Backpflaumen
100 g Rosinen
4 EL klarer Honig
1 TL Zimt
½ TL Anis
½ TL Kardamom
1 Prise gemahlener Sternanis
½ TL Nelkenpulver
1 Prise frisch geriebene Muskatnuss
100 ml Trester (Birne oder Kirsch)

Teig

500 g Weizenmehl (Type 1050)
1 Würfel frische Hefe
1 TL Zucker
250 ml lauwarmes Wasser
1 EL Apfelessig

1 Die Haselnusskerne in einer Pfanne ohne Fett rösten. Birnen, Feigen und Pflaumen hacken, mit Nüssen, Rosinen, Honig und Gewürzen mischen. Den Trester dazugießen und alles 12 Stunden durchziehen lassen.

2 Das Mehl in eine große Schüssel geben und in die Mitte eine Mulde drücken. Die Hefe in die Mulde bröckeln und mit dem Zucker, etwas Wasser und etwas Mehl zu einem Vorteig verrühren. Die Schüssel mit einem Küchentuch abdecken und den Vorteig 20 Minuten an einem warmen Ort gehen lassen.

3 Restliches Wasser und Essig zum Vorteig geben, alles verrühren und etwa 10 Minuten kneten, bis der Teig geschmeidig und glatt ist. Die Schüssel mit einem Küchentuch abdecken und den Teig an einem warmen Ort 2 Stunden gehen lassen.

4 Die Füllung unter den Teig kneten. Bei Bedarf etwas Mehl hinzufügen. Aus dem Teig mit angefeuchteten Händen zwei längliche Laibe formen und diese auf ein mit Backpapier ausgelegtes Blech setzen. Abgedeckt an einem warmen Ort 2 Stunden gehen lassen.

5 Den Backofen auf 180 °C vorheizen. Die Birnbrote auf mittlerer Schiene 40–50 Minuten backen.

Honigbrot

Wenn meine Großmutter uns Enkelkindern etwas besonders Gutes tun wollte, servierte sie uns dieses Honigbrot. Der gemahlene Ingwer sorgt für eine ganz leicht pikante Note, ohne geschmacklich hervorzustechen.

Zutaten für 1 Brot

500 g Weizenmehl (Type 1050)
¾ Würfel frische Hefe
1 TL Zucker
4 EL lauwarme Milch
3 EL klarer Honig
3 EL Butter, in Flöckchen
knapp 250 ml lauwarmes Wasser
1 TL Salz
1 Prise gemahlener Ingwer
abgeriebene Schale von
1 unbehandelten Zitrone
zerlassene Butter, zum Bestreichen

1 Das Mehl in eine Schüssel geben und in die Mitte eine Mulde drücken. Die Hefe in die Mulde bröckeln. Mit dem Zucker, der Milch und etwas Mehl zu einem Vorteig verrühren. Die Schüssel mit einem Küchentuch abdecken und den Vorteig 20–30 Minuten an einem warmen Ort gehen lassen.

2 Honig, Butter, Wasser, Salz, Ingwer und Zitronenschale zum Vorteig geben. Alle Zutaten zu einem glatten Teig verarbeiten und 10–15 Minuten mit den Händen gut durchkneten. Einen ovalen Laib formen. Ich gestalte auf dem Brotlaib in der Mitte einen kleinen Grat, das gibt später eine schöne Form. Dann das Brot auf ein bemehltes Backblech legen und bei Raumtemperatur etwa 30–40 Minuten gehen lassen, bis sich sein Volumen verdoppelt hat.

3 Den Backofen auf 200 °C vorheizen. Das Honigbrot mit Butter bestreichen und auf mittlerer Schiene 30–35 Minuten backen.

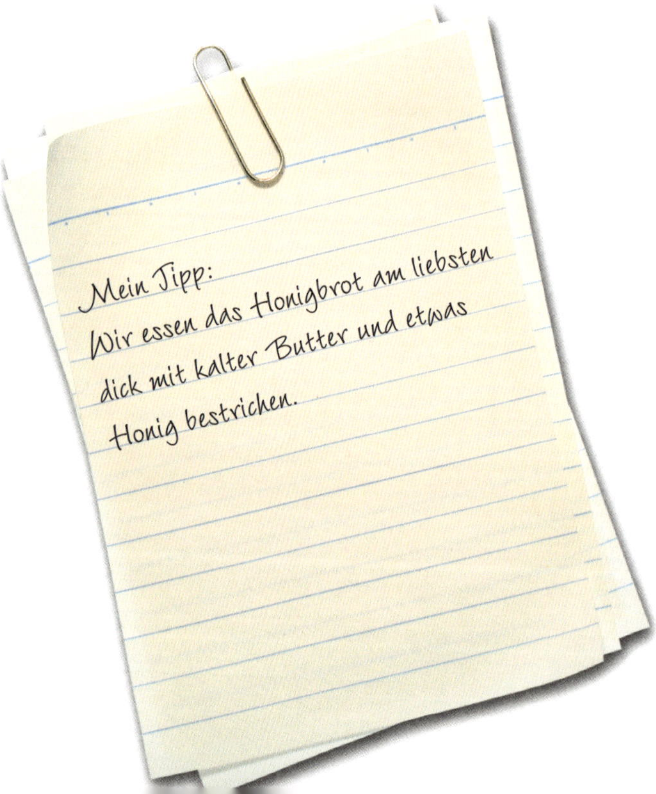

Osterzopf mit Rosinen und Mandeln

Der Hefekranz mit den bunt gefärbten Eiern ist immer wieder ein Blickfang auf unserem Osterbüfett. Aber auch das Jahr über backe ich ab und zu einen Zopf nach diesem Rezept und lasse einfach die Eier weg.

Zutaten für 1 Zopf

700 g Weizenvollkornmehl
200 g Buchweizenmehl
2 Päckchen Trockenhefe
1 Prise Salz
180 g Vollrohrzucker
350–400 ml Wasser oder Mineralwasser
250 g Butter
2 Eier
ausgekratztes Mark von 1 Vanillestange
einige Tropfen Rum- oder Arrakaroma
1 TL Zimt
20 g Stollengewürz (Reformhaus)
200 g Rosinen
200 g gehackte Mandeln
6 hart gekochte, bunt gefärbte Eier, zur Dekoration

1 Beide Mehlsorten, Hefe und Salz in einer großen Schüssel vermengen und sämtliche Zutaten außer Rosinen und Mandeln hinzufügen. Den Teig kräftig kneten und schlagen, bis er Blasen wirft. Abgedeckt an einem warmen Ort 1 Stunde gehen lassen.

2 Rosinen und Mandeln zum Teig geben. Alles nochmals gründlich durchkneten. Falls der Teig zu fest ist, noch etwas Wasser hinzufügen, falls er zu klebrig ist, noch etwas Mehl zugeben.

3 Den Teig dritteln, aus jedem Drittel eine längliche Teigrolle formen. Die Teigstränge zu einem Zopf flechten und den Zopf zu einem Ring schließen. Diesen dann auf ein mit Backpapier ausgelegtes Backblech legen und 1 Stunde gehen lassen.

4 Den Backofen auf 180 °C vorheizen. Tiefe Mulden in den Zopf drücken, in die später die Eier gelegt werden. Den Zopf auf der untersten Schiene 50–55 Minuten backen. Nach dem Backen in den noch heißen Zopf die bunt gefärbten Eier legen.

Auf der folgenden Seite zeige ich Ihnen, wie Sie den Zopf flechten und formen.

Den Teig in 3 Portionen teilen und aus jeder Portion eine längliche Teigrolle formen.

Die Teigrollen zu einem Zopf flechten, dabei die Enden zusammendrücken.

Aus dem geflochtenen Zopf einen runden Kranz formen, die Enden aufeinanderlegen und zusammendrücken.

Die bunt gefärbten Eier nach dem Backen in die zuvor geformten Mulden legen.

Arme Ritter

Ende der 1970er Jahre hat Dustin Hoffman in dem Film „Kramer gegen Kramer“ unsere Herzen gerührt, als er für seinen Sohn Arme Ritter aus Toastbrot zubereitete. Schade, dass er keinen Osterzopf hatte: Mit Resten davon schmecken die Armen Ritter nämlich noch besser.

Zutaten für 2 Portionen
1 Ei
250 ml Milch
4–6 Scheiben Osterzopf (ersatzweise Weißbrot oder Toast)
25 g Butter, zum Braten
Zucker und Zimt, zum Bestreuen

1 Eier und Milch in einer flachen Schüssel miteinander verquirlen. Die Zopfscheiben hineinlegen und gut durchziehen lassen.

2 Die Butter in einer Pfanne zerlassen. Die Zopfscheiben kurz abtropfen lassen, in die heiße Butter legen und von beiden Seiten knusprig braten. Wenn nicht alle Scheiben auf einmal in der Pfanne Platz haben, fertige Scheiben im Backofen warm halten und die nächsten Scheiben mit frischer Butter braten.

3 Wenn alle Scheiben gebraten sind, die armen Ritter mit Zimtzucker bestreut warm servieren. Dazu passt Apfelmus oder Zwetschgenkompott.

Rosinenbrötchen

Alle Süßschnäbel in unserer Familie freuen sich, wenn es zum Nachmittagstee diese köstlichen Rosinenbrötchen gibt. Im Frühsommer reiche ich dazu Rosengelee aus den Blüten der Duftrosen in unserem Garten.

Zutaten für 10 Brötchen

500 g Weizenmehl (Type 405)
¾ Würfel frische Hefe
2 EL Zucker
250 ml lauwarme Milch
75 g Butter, in Flöckchen
2 EL Rum (nach Belieben)
100 g Rosinen, gewaschen und getrocknet

Zuckerlösung

50 g Zucker
50 ml Wasser

1 Das Mehl in eine Schüssel geben und in die Mitte eine Mulde drücken. Die Hefe in die Mulde bröckeln und mit 1 Teelöffel Zucker, etwas lauwarmer Milch und etwas Mehl zu einem Vorteig verrühren. Die Schüssel mit einem Küchentuch abdecken und den Vorteig 20 Minuten gehen lassen.

2 Restlichen Zucker, restliche Milch, Butter, Rum (falls verwendet) und Rosinen zum Vorteig geben. Alle Zutaten zu einem Teig verrühren und kräftig durchkneten.

3 Aus dem Teig 10 Kugeln von etwa 4 cm Durchmesser formen und etwas flach drücken. Im Abstand von 5 cm auf ein mit Backpapier ausgelegtes Backblech setzen. Die Brötchen in der Mitte mit einem scharfen Messer leicht einschneiden, mit einem großen Küchentuch abdecken und 15 Minuten an einem warmen Ort gehen lassen.

4 Für die Zuckerlösung Zucker und Wasser unter Rühren erhitzen, bis sich der Zucker aufgelöst hat.

5 Den Backofen auf 200 °C vorheizen. Die Rosinenbrötchen auf mittlerer Schiene 20–25 Minuten backen. Mit der Zuckerlösung bestreichen. Weitere 5 Minuten bei 225 °C backen.

Weckmänner

Diesen Weckmännern bin ich zum ersten Mal in Köln begegnet, wo sie traditionell mit Korinthenaugen und Tonpfeife ausgestattet sind. Doch nichts spricht dagegen, ihnen auch Weckfrauen zur Seite zu stellen.

Zutaten für 6 Weckmänner
550 g Weizenmehl (Type 405)
1 Würfel frische Hefe
80 g Zucker
250 g Milch
80 g Butter
2 Eigelb, verquirlt
1 Prise Safranpulver
1 Prise Salz
Rosinen für die Augen und Knöpfe
Tonpfeife (falls erhältlich)
1 Eigelb, zum Bestreichen

1 Das Mehl in eine Schüssel sieben und in die Mitte eine Mulde drücken. Die Hefe in die Mulde bröckeln und mit 1 Teelöffel Zucker, etwas lauwarmer Milch und etwas Mehl zu einem Vorteig verruhren. Die Schüssel mit einem Küchentuch abdecken und den Vorteig 20 Minuten gehen lassen.

2 Restlichen Zucker, restliche Milch, Butter, Eigelb, Safran und Salz zum Vorteig geben. Achten Sie darauf, dass die Zutaten Raumtemperatur haben. Alle Zutaten zu einem Teig verrühren und gut mit den Händen durchkneten. Den Teig mit einem Küchentuch abdecken und 1 Stunde an einem warmen Ort gehen lassen.

3 Den Teig 1 cm dick ausrollen und Weckmänner ausschneiden. Mittlerweile findet man im Internet auch Formen für Weckmänner und Weckfrauen. Wenn Sie also häufiger solche Figuren backen, lohnt es sich, die Formen anzuschaffen.

4 Die Figuren auf ein mit Backpapier ausgelegtes Backblech setzen. Die Rosinen als Augen und Knöpfe einsetzen. Falls Sie Tonpfeifen bekommen können, geben Sie jedem Weckmann eine Tonpfeife. Die Figuren noch einmal 30 Minuten an einem warmen Ort gehen lassen.

5 Den Backofen auf 180 °C vorheizen. Die Weckmänner mit dem Eigelb bestreichen. Auf mittlerer Schiene 15–20 Minuten backen, bis die Figuren hellbraun sind.

Butterhörnchen

Kalorienarm sind diese Hörnchen nicht gerade, aber sie schmecken so gut, dass man darüber einfach hinwegsehen sollte. Wenn wir zum Brunch eingeladen sind, werden wir oft gebeten, ein Blech voll davon mitzubringen.

Zutaten für 12 Hörnchen

½ Würfel frische Hefe
250 ml lauwarme Schlagsahne
50 g Zucker
480 g Weizenmehl (Type 405)
1 Prise Salz
200 g zerlassene Butter
2 Eigelb
Butter, zum Einfetten

1 Die Hefe in die Sahne bröckeln und mit je 1 Teelöffel Zucker und Mehl verrühren. Abgedeckt an einem warmen Ort 5–10 Minuten gehen lassen. Dann mit den übrigen Zutaten vermengen und den Teig kräftig mit den Händen durchkneten.

2 Den Teig mit einem Küchentuch abdecken und an einem warmen Ort gehen lassen, bis sich das Volumen verdoppelt hat. Anschließend den Teig nochmals durchkneten und in 3 Portionen teilen. Jede Portion zu einer runden gut ½ cm dicken Teigplatte ausrollen.

3 Aus jeder Teigplatte 4 Dreiecke schneiden. Diese von der breiten Seite zur Spitze hin locker aufrollen, zu Hörnchen formen und auf ein gefettetes Blech legen. An einem warmen Ort 15 Minuten gehen lassen.

4 Den Backofen auf 200 °C vorheizen und die Hörnchen etwa 10 Minuten backen.

Omas Erdbeer-Rhabarber-Konfitüre

Das Rezept für diese Konfitüre habe ich von meiner Oma, sie ist wie geschaffen für die Butterhörnchen. Dazu schneide ich 750 g Erdbeeren und 450 g Rhabarber in Stücke und mische diese mit dem Mark von 2 Vanilleschoten, dem Saft von 1 Zitrone und 1 kg Gelierzucker in einem Topf. Nachdem die Mischung abgedeckt 2 Stunden gezogen hat, lasse ich sie 4 bis 5 Minuten stark kochen, bis sich bei der Gelierprobe ein fester Tropfen bildet. Dann fülle ich die Konfitüre noch heiß in saubere Gläser, verschließe diese und lasse sie auf dem Deckel stehend abkühlen.

Müslibrötchen

Müsli für unterwegs: Die nahrhaften Brötchen sind ein idealer Pausensnack, den meine Tochter gern mit in die Schule nimmt. Aber auch zum Frühstück oder nachmittags zu Tee und Kaffee sind sie bei uns beliebt.

Zutaten für 25 Brötchen

250 g Roggenschrot
300 g Dinkelvollkornmehl
1 Würfel frische Hefe
1 TL Zucker
750 ml lauwarmes Wasser
100 g Haferflocken
150 g Haselnüsse
100 g Rosinen
½ TL Salz

1 Beide Mehlsorten in einer Schüssel vermengen und in die Mitte eine Mulde drücken. Die Hefe in die Mulde bröckeln und mit Zucker, etwas Wasser und etwas Mehl zu einem Vorteig verrühren. Die Schüssel mit einem Küchentuch abdecken und den Vorteig 20 Minuten an einem warmen Ort gehen lassen.

2 Haferflocken, Haselnüsse, Rosinen, Salz und restliches Wasser zufügen, alles zu einem Teig verrühren und 10–15 Minuten mit den Händen durchkneten. Dann den Teig abdecken und an einem warmen Ort 40–60 Minuten gehen lassen, bis sich das Volumen verdoppelt hat.

3 Den Teig nochmals kurz durchkneten. Aus dem Teig 25 längliche Brötchen formen und diese auf ein mit Backpapier ausgelegtes Backblech setzen. Die Brötchen mit einem Küchentuch abdecken und an einem warmen Ort 20 Minuten gehen lassen.

4 Den Backofen auf 230 °C vorheizen. Die Brötchen auf mittlerer Schiene 15–20 Minuten backen.

Franzbrötchen

Butter und Zimtzucker verleihen den Franzbrötchen ihren unvergleichlichen Geschmack und ihre besondere Konsistenz. Sie schmecken einfach immer.

Zutaten für 20 Franzbrötchen

Teig

500 g Weizenmehl (Type 405)
1 Würfel frische Hefe
70 g Zucker
250 ml lauwarme Milch
70 g weiche Butter
1 Prise Salz
1 TL abgeriebene Zitronenschale

Füllung

200 g kalte Butter
200 g Zucker,
mit 2 TL Zimt gemischt
Butter, zum Einfetten

1 Das Mehl in eine Schüssel geben und in die Mitte eine Mulde drücken. Die Hefe in die Mulde bröckeln und mit 1 Teelöffel Zucker, der Milch und etwas Mehl zu einem Vorteig verrühren. Die Schüssel mit einem Küchentuch abdecken und den Vorteig 20 Minuten gehen lassen.

2 Butter, restlichen Zucker, Salz und Zitronenschale auf dem Mehl verteilen. Alle Zutaten gut vermengen und kneten, bis sich der Teig vom Schüsselrand löst. Mit Mehl bestäuben und abgedeckt an einem warmen Ort 15–20 Minuten gehen lassen.

3 Den Teig auf einer bemehlten Arbeitsfläche zu einem Rechteck von 30 cm x 25 cm ausrollen. Die kalte Butter in dünne Scheiben schneiden und eine Teighälfte damit belegen. Die andere Teighälfte darüberschlagen, die Kanten gut zusammendrücken. Jetzt den Teig zu einem Rechteck von 50 cm x 30 cm ausrollen. Von der Schmalseite her ein Drittel zur Mitte hin einschlagen und das letzte Drittel darüberklappen, sodass 3 Teigschichten übereinanderliegen. Den Teig 15 Minuten kalt stellen.

4 Nun den Teig zu einem Rechteck von 80 cm x 40 cm ausrollen, mit etwas Wasser bestreichen und mit der Zucker-Zimt-Mischung bestreuen. Das Rechteck von der Längsseite her zu einer etwa 6 cm breiten, abgeflachten Rolle aufrollen und in etwa 4 cm breite Stücke schneiden. Dabei soll die Nahtstelle unten liegen. Mit dem Stiel eines Holzlöffels jedes Teigstück in der Mitte parallel zu den Schnittflächen kräftig eindrücken.

5 Die Franzbrötchen im Abstand von 5 cm auf zwei gefettete Backbleche setzen, mit einem großen Küchentuch abdecken und 15–20 Minuten an einem warmen Ort gehen lassen.

6 Den Backofen auf 200 °C vorheizen. Die Backbleche nacheinander in den Backofen auf die zweitunterste Schiene schieben und die Brötchen 20–25 Minuten backen.

Auf den folgenden Seiten zeige ich Ihnen, wie Sie die Franzbrötchen formen.

Eine Hälfte des ausgerollten Teiges mit der kalten, in dünne Scheiben geschnittenen Butter belegen.

Die zweite Hälfte der Teigplatte über die Butterscheiben legen und die Ränder gut zusammendrücken.

Von den Schmalseiten der Teigplatte je ein Drittel zur Mitte einschlagen, sodass drei Teigschichten übereinanderliegen.

Die ausgerollte und mit Zimt und Zucker bestreute Teigplatte zu einer flachen Rolle aufrollen.

Die Teigrolle in 4 cm breite Stücke schneiden. Die Naht sollte sich dabei auf der Unterseite befinden.

Mit einem Holzlöffel jedes Teigstück in der Mitte eindrücken, sodass sich die Schnittflächen leicht nach oben richten.

Franzbrötchen – der neue Kult

Woher das Franzbrötchen seinen Namen hat, steht nicht ganz fest. Es wird vermutet, dass er sich auf das französische Vorbild, das Croissant, bezieht, das ebenfalls aus Plunderteig gebacken wird.

Andere Quellen behaupten, ein Hamburger Bäcker habe Baguettestücke, also französisches Brot, mit Fett in einer Pfanne angebraten und damit die Urform des heutigen Franzbrötchens geschaffen.

Sicher ist hingegen, dass das Franzbrötchen von seiner Heimat Hamburg aus seit einiger Zeit seinen Siegeszug durch ganz Deutschland angetreten hat. Selbst in bayerischen Städten nimmt die Zahl der Menschen zu, für die ein Franzbrötchen zu Frühstück oder Kaffee einfach dazugehört. Wetten, dass Sie mit einem Blech voller frischer Franzbrötchen auch in Ihrem Familien- oder Kollegenkreis neue Fans für das Hamburger Gebäck gewinnen werden? Übrigens hat das Franzbrötchen sogar eine eigene Website: www.franzbroetchen.de

Register